교회를 살리는

탁월한 직분자

교회를 살리는 탁월한 직분자

2021년 12월 20일 초판 1쇄 발행
2025년 4월 20일 초판 4쇄 발행

지은이 | 양현표
펴낸이 | 박영호
펴낸곳 | 도서출판 솔로몬

주소 | 서울시 동작구 사당로 143
전화 | 599-1482
팩스 | 592-2104
직영서점 | 596-5225

등록일 | 1990년 7월 31일
등록번호 | 제 16-24호

ISBN 978-89-8255-601-2 03230

교회를 살리는 탁월한 직분자

교회, 직분, 봉사에 관한 현장중심의 직분자 교과서

양현표 지음

솔로몬

머리말

내 인생에 있어서 기억할 수 있는 가장 오래된 기억은, 내가 어느 부유한 농부의 큰아들이었다는 사실이다. 그다음의 기억은 그 농부가 무슨 학교에 다닌다고 했던 기억이다. 그 학교가 바로 신학교이었다는 사실은 아주 나중에 알았다. 그러더니만, 그는 평생직이었던 농업을 접고 전도사가 되어 고향의 어느 한 교회에서 목회를 시작하였다. 조금 더 있다가는, 그는 사당동 총신에서 공부해야만 한다는 이유로 자신의 전 가족을 이끌고 서울로 상경했다. 결국엔 그는 서울 서대문구 홍은동의 어느 쓰레기장 위에다 천막을 치고 마침내 교회를 개척했다. 이때 나는 초등학교 6학년이었다.

그렇게 해서 나는 내 의지와는 전혀 상관없이 "천막 교회 목사 아들"이 되었으며, 그 이후의 내 삶 역시 내 의지와는 아무런 상관없이 그분의 미친(?) 소명의 길에 억지 동행자가 되는 삶이었다. 나의 유년기와 청소년기의 삶이 어떠했을까는 이 글을 읽는 독자들의 상상력에 감히 맡긴다. 한 마디로 목사인 아버지가 싫었고 목사의 아들이라 불리는 것이 정말 싫었다.

그런데 아이러니는 지금 내가 목사라는 사실이다. 목사일 뿐만 아니라 다른 사람을 목사로 만드는 신학교의 교수이다. 그토록 거부했던 아버지의 그 길에 들어선지도 총신대 신학과에 입학한 1981년부터 계산

한다면 어언 40여 년이 된다. 더욱더 아이러니인 점은, 목사가 되기는 하겠지만 아버지처럼 교회개척자는 절대로 되지 않으리라 골백번은 다짐했었음에도 불구하고 결국은 나 역시 교회개척자가 되었다는 것이며, 더 놀라운 사실은 지금은 총신대학 신학대학원에서 〈교회개척〉이란 과목을 가르치면서 수많은 목회자 후보생들을 교회개척 현장으로 내몰고 있다는 사실이다.

아버지는 자기와 억지 동행한 아들에게 뜻밖의 재산을 물려주셨다. 그것은, 내 표현대로 하자면, "목회적 감각"이다. 다른 말로 하면 목회현장에서 발휘되는 "목회적 순발력"이다. 아버지는 내게 많은 목회적 상황을 간접 경험하게 함으로 실제 나의 목회현장의 많은 상황에 감각적으로 대처하도록 만들어 주었다. 목사의 아들로 살면서 얻은 무형 자산 중의 하나가 여러 목사들과 평신도들에 대한 경험이다. 그러한 경험은 보통의 목사후보생들이 경험할 수 없는 실제적인 목회 임상이 되었다. 목사가 어떻게 하면 목회적 열매를 맺을 수 있는지를 아버지와 아버지의 동료들을 보면서 체득했다. 어떻게 봉사하고, 어떻게 헌금하고, 어떻게 살아가는 성도가 하나님의 복을 받는지를 여러 평신도들을 보면서 임상적으로 체득하였다.

이러한 임상 경험들은 훗날 나의 신학 공부와 연계되어 나의 이민 목회를 풍성하게 했으며, 지금의 내 강의가 단지 이론적이 아닌 현장감 있는 강의라는 평을 듣게 하고 있다. 정말 많이 싫어했던 아버지의 삶이, 장남이기에 억지로 감당해야만 했던 많은 교회 사역들이 목사로서의 나의 삶을 풍요롭고 두려움 없게 만들었다고 감히 고백한다. 그렇다. 내가 살아온 삶은 인간적으로는 참으로 아이러니이다. 그러나 영적인 안목에서 보면 참으로 분에 넘치는 하나님의 은혜이다. 하나님의 나를 향한 편애가 넘쳤다. "은혜"라는 단어 외에는 내 인생을 설명할 재간이 없음을 고백할 수밖에 없다.

이 책의 제목은 『탁월한 직분자』이다. 이 책은 나의 "목회적 감각"과 "목회적 임상"이 정통 신학과 결합한 결과라고 감히 말하고 싶다. 어느 날 우연히 과거 목회 때의 자료들을 살펴보던 중에, 약 14년간의 이민 목회에서 직분자들을 훈련했던 자료들을 보았다. 문득 이것들을 정리하여 출판한다면 직분자 훈련 교재를 찾는 목회자들에게 실제적인 도움이 되겠다는 생각을 했다. 이러한 우연하고 단순한 생각이 이 작은 출판물의 탄생 동기였다. 이 책은 교육자가 보다 많이 말할 수 있는 기회를 제공한다는 의도로 꾸며졌다. 즉, 교재의 같은 내용이라 할지라도 각 교회의 형편에 따라 교육자가 다르게 적용할 수 있게 한다는 의도이다. 그렇기에 내용에 여백이 많고 실제 편집에서도 여백이 많다. 모든 목회

현장이 다른데, 획일적인 내용과 획일적인 적용을 요청한다는 것은 억압이나 다름없다. 이 책은 제직 훈련을 이끄는 목회자에게 많은 적용의 재량권을 주고 있는 직분자 훈련 교재이다.

이 작은 직분자 훈련 교재가 나오기까지 도와주신 여러분께 감사를 드린다. 주저하는 나에게 출판의 가치가 있다고 격려해준 동료 교수들, 모든 성구를 꼼꼼히 검토해 준 아내, 그리고 편집과 내용을 수차례 검토해준 조력자들에게도 감사를 드린다. 특별히 기꺼이 이 책을 출판해 주신 솔로몬 출판사의 박영호 장로님과 편집부에 심심한 감사를 드린다. 무엇보다 이 직분자 훈련 교재를 쓸 수 있도록 무형의 자산을 물려주신 나의 부모님 양경용 목사님과 김삼임 사모님께 감사를 드린다.

2021년 12월 1일

총신대학 신학대학원 307호 연구실에서

저자 양현표

차 / 례 /

● 제2부 직분자는 누구인가?

● 제3부 봉사란 어떻게 하는 것인가?

제1부 교회란 무엇인가?

● 교회란 무엇인가? (1)

1. “교회”의 어원

1) 구약성경의 “카할”(קָהָל)과 “에다”(עֵדָה)(시 89:5; 렘 30:20)

2) 신약성경의 “에클레시아”(ἐκκλησία)(마 18:17; 행 7:18)와 “쉬나고게”(συναγωγή)(행 13:14; 약 2:2)

3) 이러한 단어들의 뜻은 “불러내다” 혹은 “부르다”이다. 즉 교회는 하나님께서 부르신 사람들의 모임 혹은 그 회중을 의미한다.

2. 교회에 대한 비유적 명칭

1) “그리스도의 몸” (고전 12:27; 엡 1:23; 골 1:18)

2) “성령의 집”(벧전 2:5)

3) “위에 있는 예루살렘”(갈 4:26)

4) “하늘의 예루살렘”(히 12:22)

5) “새 예루살렘”(계 21:2)

6) “진리의 기둥과 터”(딤전 3:15)

7) 구약에서 교회의 그림자를 찾을 수 있다. 에덴동산, 노아의 방주, 이스라엘, 성전 등이다.

3. 무형교회와 유형교회

1) 무형교회

① 천상에서나 지상에서나, 예수 그리스도를 구주로 믿고 구원받은 과거, 현재, 그리고 미래의 모든 성도의 영적인 전체 모임을 말한다(엡 1:22; 3:10; 3:21; 5:23; 골 1:18; 1:24).

② 이 교회를 "우주적 교회", "천상교회", "승리적 교회"라고도 부른다.

2) 유형교회

① 한 장소에 위치한 가시적 교회로서 지역에 있는 성도들의 모임을 말한다(행 5:11; 11:26; 롬 16:4; 고전 11:18; 14:19; 16:1; 갈 1:2; 살전 2:14).

② 이 교회를 "지역 교회", "지상교회", "전투적 교회"라고도 부른다.

③ 유형교회의 성도가 되는 방법은 개인의 신앙고백에 근거한다. 따라서 신앙고백의 진실성 여부가 문제이다. 결국, 유형교회 안에는 알곡과 가라지(마 13:29-30), 양과 염소가 함께 동거할 수 있으며(마 25:32), 심지어 사탄에게 내어 주어야 할 자(고전 5:1-5)나 노략질하는 이리(마 7:15)까지도 존재할 가능성은 얼마든지 있다. 이러한 자들은 비록 유형교회 회원일 수는 있지만, 무형교회 회원은 될 수 없다. 다만 인간으로서 그러한 자들을 분별할 수 없기에 섣불리 판단할 수 없고 오직 하나님께서만 그들을 판단하신다.

④ 유형교회 회원의 신앙고백이 진실하다 하더라도 그 신앙의 수준은 각기 다르다. 영적인 철부지부터 시작하여 매우 높은 수

준의 신앙에 이르기까지 다양하다. 이러한 차이로 인하여 유형교회는 어지럽고 시끄러울 때가 많을 수밖에 없다. 더군다나 가라지나 염소로 비유되는 자들까지 함께한다면 유형교회는 언제나 혼란스러울 수밖에 없다. 때문에, 유형교회에서는 가르침과 권면과 격려, 나아가 치리가 필요하다.

● ●

교회론은 모든 것을 좌우한다. "교회론을 어떻게 정의하느냐는 교회 개척을 위한 당신의 모든 행위를 결정할 것이다. 그 정의는 당신이 교회 개척을 위한 모든 노력에 영향을 줄 것이다. 그것은 전술에 영향을 줄 것이다. 그것은 동원 가능한 자원, 방법, 그리고 새로운 교회를 누가 목회할 수 있을 것인지에 대해 영향을 줄 것이다. 교회론은 매우 중요하다. 이것은 모든 것을 결정한다."

(J. D. Payne, *Apostolic Church Planting*, 21쪽 참조.)

● 교회란 무엇인가? (2)

4. 유기체로서의 교회와 조직체로서의 교회

1) 유기체로서의 교회

① 교회는 예수님을 머리로 하여 한 몸을 이룬 하나의 영적 생명체이다.

② 따라서 생명체가 갖는 특성을 지니고 있다. 생명 주기를 따라가며, 희로애락과 생로병사의 과정을 갖는다.

2) 조직체로서의 교회

① 교회는 인간들이 모인 하나의 조직체이다. 따라서 일반적인 조직체가 갖는 특성을 갖는다.

② 조직체로서의 교회는 오순절 성령강림으로 시작했다(행 2:1-4).

③ 신약성경에 "교회"라는 단어가 114회 등장하는데 그중 88%가 조직체로서 지역 교회를 지칭하고 있다.

5. 무엇이 교회가 아닌가?

1) 교회는 건물이 아니다. 일반적으로 교회당을 "교회"로 인식하고 있는 경우가 많다. 사람들은 교회당에 충성하면서 교회에 충성하는 것인 양 착각하기도 한다. 그러나 교회당은 예배드리는 곳은

될지언정 교회 자체는 아니다. 교회을 세우려다 교회가 무너지는 경우가 있다.

2) 교회는 사회적 사교 단체나 자선 단체, 혹은 동호회가 아니다.

3) 교회는 유력한 어느 한 사람의 소유가 아니며 나아가 노회나 총회의 것도 아니다.

4) 교회는 하나님께서 택하여 부르신 사람들의 모임 그 자체이다. 예수 그리스도를 개인의 구세주와 주인으로 영접하여 구원을 받은 사람들이 함께 모여서 예배드리고 복음을 전파하며 말씀을 배우기도 하며 가르치기도 하고 교제하며 봉사하는 그 "모임"이다.

교회를 설립하신 분은 누구이신가?

1. 관련성구

1) 마 16:18, "내가 이 반석 위에 내 교회를 세우리니"

2) 행 2:1-4, "다 성령의 충만함을 받고 성령의 말하게 하심을 따라"

3) 고전 12:27, "너희는 그리스도의 몸이요 지체의 각 부분이라"

4) 엡 1:23, "교회는 그의 몸이니"

5) 엡 5:30, "우리는 그 몸의 지체임이라"

6) 골 1:18, "그는 몸인 교회의 머리시라"

2. 교회를 세우신 분은 예수 그리스도이시다. 교회는 그리스도께서 남기신 유산이다.

1) 교회는 예수께서 이 땅에 남기신 유산이다.

2) 칼빈은 『기독교강요』에서 교회를 신자의 어머니라고 불렀다. 생명체가 어머니의 품과 양육을 통해 자라나듯이 성도는 교회에서 새 사람으로 태어나며, 교회 안에서 날마다 신앙이 자라나고 거룩해진다.

3. 그리스도는 교회의 머리요, 모든 권세의 원천이시다.

1) 예수님은 유기적 의미에서 교회의 머리이시다.

① 성도 개개인은 그의 몸을 이루는 지체들이다.

② 예수님은 교회를 그의 생명으로 채우시고, 성령으로 지배하신다.

2) 예수님은 교회를 통치하시는 왕이라는 차원에서 머리이시다.

① 왕이신 예수님은 교회를 설립하시고, 규례를 제정하시고, 직분자들에게 권위를 부여하신다.

② 왕이신 예수님은 교회 안에 임재하셔서 직분자들, 특별히 교역자들을 통해 말씀하시고 행동하신다.

③ 모든 성도는 왕의 말씀에 무조건 순종해야 한다.

교회가 왜 필요한가?

1. 서로 섬기고 교제하는 데 필요하다.

1) 교회 자체가 한 몸으로서 유기체이다. 신약성경의 성도는 지역 교회에 속하는 것을 당연시했다. 교회가 없는 성도는 우리를 떠난 양이며 가족이 없는 고아이다.

2) 오늘날 개인주의 문화의 영향으로 지역 교회에 소속되지 않은 성도들이 있는데, 하나님께서는 성도에게 지역 교회에 소속되지 않을 권한과 자유를 주시지 않으셨다. 몸에서 분리된 지체는 존재할 수 없다.

2. 서로 성장하는 데 필요하다.

1) 교회는 세상에 속한 사람이 하나님의 백성으로 되어가는 훈련장소이다. 신약성경에는 "서로"라는 말이 50번 이상 나타난다.

2) 영적으로 성장하지 못하거나 성장이 멈춘 성도들은 대개가 교회생활에 흥미를 느끼지 못한다. 성도가 교회를 통해 서로 간에 생명을 공급받지 못하면 성도의 영적인 모습은 시들어버린다.

3. 죄의 유혹을 물리치는 데 필요하다.

1) 그 누구도 죄의 유혹을 완벽히 거부할 수 없다. 즉, 누구나 상황에 따라 죄를 범할 수 있다는 소리이다.

2) 하나님께서는 성도들의 이러한 연약함을 아시고 교회를 통해 서로 이끌고 격려하고 점검하고 붙잡아 주도록 계획하셨다(히 3:13).

4. 사명을 감당하는 데 필요하다.

1) 교회는 하나님께서 사용하시는 도구이다. 하나님께서는 그분의 계획하신 일을 이루시기 위해 교회를 남기셨다.

2) 그 누구도 홀로 하나님께서 계획하신 일을 이루어낼 수 없다. 하나님께서는 각 성도들이 그리스도의 심장, 손, 발, 눈, 귀가 되어서 서로 연합하고 힘을 합쳐 하나님의 일을 하도록 하셨다.

교회의 다섯 가지 속성은 무엇인가? (1)

"속성"을 다른 말로 하면 "성질"이라 할 수 있다. 따라서 "교회의 속성"이란 교회가 본질적으로 어떤 성질, 혹은 특성을 가졌는가이다. 전통적으로 교회의 속성을 다섯 가지로 말한다. 그것은 "교회는 하나이다", "교회는 거룩하다", "교회는 보편적이다", "교회는 사도적이다" 그리고 "교회는 성도의 교제이다" 등이다.

1. 교회는 하나이다(통일성).

1) 교회의 통일성은 이 땅의 모든 교회가 예수 그리스도를 머리로 삼고, 모든 성도가 한 몸으로 연합해 있음을 의미한다.

2) 비록 성경의 해석을 다소 달리함으로 종파가 다르고 교단이 다르다 하더라도 그럼에도 모든 교회는 하나이다.

3) 교회의 통일성으로부터 지상에 존재하는 모든 유형교회(지역교회)들이 하나가 되어야만 하는 당위성을 찾을 수 있다. 그러나 만약 어떤 교회가 외형은 교회이지만 실제로는 예수 그리스도가 아닌 다른 주인을 섬기고 있는 유사 교회라면, 그러한 유사 교회와는 하나일 수 없으며 하나가 되어서도 안 된다.

2. 교회는 거룩하다(거룩성).

1) 교회의 거룩성은 이 땅의 모든 교회가 거룩하신 예수 그리스도를 기초로 해서 세워졌음을 의미한다. 교회의 기초가 예수 그리스도이시기 때문에 교회는 거룩하다(엡 2:20).

2) 교회의 거룩성은 교회가 거룩해진 성도들의 모임이기 때문임을 의미한다. 성도는 믿음으로 말미암아 의롭게 되었고(롬 3:28), 결코 다시는 정죄함을 받지 않는다(롬 8:1). 성도들은 비록 육신으로 세상에 살고 여전히 죄 가운데서 살지만, 그러나 하나님 나라에 속한 거룩한 자들이다. 이러한 거룩한 자들이 모여 교회를 이루기에 교회는 거룩하다(고전 1:2; 벧전 2:9).

3) "거룩"이란 단어의 성경적 의미는 "잘라냄" 혹은 "분리함"이다. 즉 거룩은 "하나님을 예배하기 위하여 세속적인 것들로부터 구별됨"을 뜻한다.

• •

교회의 속성은 오랜 기간에 걸쳐 완성되었다. 서기 325년, 지금의 터키 땅에 있었던 "니케아"라는 도시에서 교회 회의가 개최되었는데, 이것을 "니케아 공의회"라고 부른다. 그리고 이때로부터 57년이 지난 서기 381년, "콘스탄티노플"이라는 (현재 터기 이스탄불) 도시에서 또 한 번의 교회 회의가 개최되었는데 이것을 "콘스탄티노플 공의회"라고 부른다. 이 두 개의 공의회를 통해 확정된 교리를 "니케아-콘스탄티노플 신경"(Nicene-Constantinople Creed)이라고 하는데, 보통 "니케아 신경"이라고 부른다. 니케아 신경에 나타난 교회론이 "하나인 거룩하고 보편적인 사도로부터 이어오는 교회"이다. 이 안에 교회의 속성 네 가지가 담겨 있는데, 교회의 통일성, 거룩성, 보편성, 그리고 사도성이다. 교회의 속성이 담긴 또 하나의 자료는 우리가 매 주일 고백하는 "사도신경"이다. 사도신경은 4세기에 시작하여 600여 년이 지난 10세기에 완성되었다. 이 사도신경에 나타난 교회론은 "거룩한 공교회와 성도의 교제"이다. 이 선언에서 나온 교회의 속성이 바로 "성도의 교제"이다. 이처럼, 니케아 신조로부터 시작하여 사도신경에 이르기까지 약 700여 년에 걸쳐서 초기 성경적 교회론이 확립되었고, 이러한 교회론은 16세기 종교개혁 시대를 거치면서 정통 신학의 교회론으로 자리 잡았다.

교회의 다섯 가지 속성은 무엇인가? (2)

3. 교회는 보편적이다(보편성).

1) "보편적"이라는 말은 "일반적" 혹은 "우주적"이라는 말과 같다. 어디에서나 발견되고 어디에서나 적용되고 어느 시대에서나 사실인 현상을 보편적이라고 한다. "교회는 보편적이다"는 "교회는 어느 시대든지, 그리고 어느 장소에서든지 존재하고 볼 수 있는 일반적인 현상"이라는 의미이다.

2) "예수님이 계신 곳은 어디든지 교회가 존재한다"가 교회의 보편성이다. 교회가 보편적이란 의미는 교회가 어떤 환경에서도 그 상황에 맞게 변형될 수 있는 고유한 특성이 있다는 것이다. 그렇기에 교회는 세워지는 곳마다 그곳의 상황에 적절하게 적응했다. 그렇기에 교회는 보편적이다.

3) 적어도 사도신경을 고백하는 교회라고 한다면 (사도신경에 포함된 "거룩한 공교회"를 직역하면 바로 "거룩한 보편적 교회"[Holy Catholic Church]이다.) 우리가 같은 무형교회에 속해져 있다는 사실을 인정하고 보편성을 인정해야 한다.

4. 교회는 사도적이다(사도성).

1) "교회는 사도적이다"라는 말의 진정한 의미는 교회는 사도들의

가르침과 사도들이 세워놓은 사역과 전통 위에 세워졌다는 것이다. 여기서 사도들이란 예수님의 제자들을 의미한다. 즉, 예수님의 제자인 사도들이 전한 말씀과 사역과 전통 위에 세워진 교회만이 참된 교회라는 의미이다(엡 2:20).

2) 사도들의 가르침과 전통은 예수 그리스도이시다. 그들은 예수님에 관해 전하고 가르쳤다. 우리는 이것을 복음이라고 부른다. 그렇기에 교회의 사도성은 바로 사도들이 전한 예수님에게 기초하고, 그 예수님을 전하기 위해 사도들이 행한 사역과 그들이 세워놓은 전통을 계승해야만 참된 교회라는 의미이다. 그리고 사도들의 그 모든 가르침과 사역과 전통은 성경에만 나타나 있다.

3) 교황권을 사도성과 동일시하는 가톨릭의 주장은 비성경적인 주장이다. 또한, 오늘날 자신을 사도라 칭하며 새로운 계시를 받았다고 주장하는 신사도 운동 역시 비성경적이다.

●●

이 세상에 교회라는 호칭을 사용하지만, 실제로는 사도들의 전통을 벗어난 교회들도 많이 있다. 여기서 벗어났다는 것은, 그들이 사도들의 전통을 완전히 거부했다는 의미가 아니다. 대부분의 거짓 교회들 역시 대체로 사도들의 가르침과 전통을 들먹인다. 그러나 문제는 사도들의 가르침과 사역과 전통에 새로 만든 무언가를 더한다는 것이다. 즉, 사도들이 말하지 않고 행하지 않은 그 무엇인가를 새로 만들어 보태는 것이다.

대부분의 거짓 교회들의 문제점은 반드시 있어야 할 것들이 없어서가 아니라, 반드시 없어야 할 것들이 있기 때문에 비롯된다. 거의 모든 이단이 그들의 필요에 의해 그들이 만든 가르침을 사도들의 가르침과 혼합하여 사용하고 있다. 때문에, 얼핏 보면 그러한 교회들도 사도성을 이어받은 것처럼 보인다. 그래서 미혹되기 쉽다. 사도들의 가르침, 사역, 그리고 전통과 관련이 없다든지, 아니면 사도들을 따르기는 하는데 사도들과 관련이 없는 그 무엇도 함께 따르는 교회는 참 교회라 할 수 없음을 우리는 기억해야 한다.

● 교회의 다섯 가지 속성은 무엇인가? (3)

5. 교회는 성도의 교제이다(생명성).

1) 교회의 공동체성을 다른 말로 교회의 "생명성" 혹은 "친교성"이라고도 할 수 있다. 사도신경에 포함된 "성도가 서로 교통하는 것"이라는 표현이 바로 교회의 공동체성, 혹은 생명성 혹은 친교성을 의미한다.

2) 교회의 공동체성은 교회가 생명체라는 사실로부터 출발한다. 교회는 살아 있는 하나의 몸이다. 교회는 예수님이 머리이시고 성도들이 지체인 한 몸이다(요 15:5; 롬 12:5; 고전 12:27; 엡 1:23; 5:23; 5:30).

3) 교회의 생명성은 몸의 각 지체가 머리를 중심으로 서로 교통하는 자연스러운 현상을 의미한다. 각 지체 간의 교통이 없다면 그 몸은 건강하지 못한 몸이며, 궁극적으로 죽은 몸이라 할 것이다. 각 지체 간의 활발한 교통을 우리는 친교 혹은 교제라고 말한다. 사도 바울이 "몸 가운데서 분쟁이 없고 오직 여러 지체가 서로 같이 돌보게 하셨느니라"(고전 12:25)라고 말했는데, 이 말이 바로 친교 공동체로서 교회의 속성을 말하는 것이다.

● ●

교회는 친교(교제) 공동체이다(행 2:46). 우리가 그리스도에 속한다는 의미는 하나님과 관계 맺는 것뿐만 아니라, 교회 내의 다른 성도들과도 관계를 맺는 것을 의미한다. 따라서 성도의 친교는 첫째는 하나님과의 친교이고(고전 1:9; 요일 1:3), 둘째는 성도 상호 간의 친교이다(요일 1:6-7). 다르게 표현하면, 성도는 하나님을 사랑하고, 또 주변의 다른 성도들을 사랑해야 한다(마 22:37-40). 교회 생활은 친교의 생활이다. 즉 다른 성도들과 더불어 공동생활하는 것이다. 다른 성도를 통하여 하나님의 사랑을 받으며, 다른 성도에게 하나님의 사랑을 제공해야 한다. 교회의 친교에 참여하는 것은 선택적인 활동이 아니다. 또 편리할 때만, 시간이 허락될 때만, 기분이 허락될 때만 참여하는 것도 아니다. 친교는 그리스도를 따르는 모든 성도에게 필수적이다. 다른 성도와의 친교를 통해서 하나님께서는 우리를 강건하게 하신다.

교회는 거룩한 공동체이다

1. 구약에서는 이스라엘을 거룩한 공동체라 하였다.

1) 출 19:6, "거룩한 백성"

2) 출 22:31, "거룩한 사람"

3) 신 26:19, "여호와의 성민"

4) 신 28:9, "자기의 성민"

2. 신약에서는 교회를 거룩한 공동체라 하였다.

1) 고후 11:2, "정결한 처녀"

2) 엡 2:19, "성도들과 동일한 시민이요 하나님의 권속"

3) 벧전 2:5, "신령한 집"

4) 벧전 2:9, "그러나 너희는 택하신 족속이요 왕 같은 제사장들이요 거룩한 나라요 그의 소유가 된 백성이니"

3. 왜 거룩한 공동체인가?

1) 하나님이 거룩하시기 때문이다(레 11:44; 벧전 1:15-16).

2) 그리스도께서 기초가 되시기 때문이다(엡 2:20).

3) 그리스도께서 세우셨기 때문이다(마 16:1).

4) 그리스도의 이름으로 모이고 그리스도께서 함께하시기 때문이다

(마 18:20).

5) 그리스도께서 거룩하게 하시고 사랑하시기 때문이다(엡 5:26-27; 5:29).

●●

"거룩"이라는 단어는 구약의 "카도쉬"(קָדוֹשׁ)그리고 신약의 "하기오스"(ʽαγιος)라는 말에서 비롯되었는데, 그 뜻은 "잘라냄" 혹은 "분리함"을 의미하며, 신앙적으로는 "하나님을 예배하기 위하여 세속적인 것들로부터 구별됨"을 뜻한다. "교회"라는 단어는 신약의 "에클레시아"(εκκλησια)라는 말에서 비롯되었는데, "세상 가운데서 불러냄으로써 다른 사람들과 구별되는 하나님의 백성"을 뜻한다. "성도"라는 단어는 구약의 "케도쉼"(קְדֹשִׁים)이라는 말에서 유래했는데, 그 뜻은 "거룩한 자들, 하나님께로 구별된 자들"을 뜻한다.

정리하자면, 거룩과 교회와 성도는 서로 통한다는 것이다. 이 세 단어는 모두가 같은 뜻을 갖고 있다. 교회는 거룩하고 교회는 성도이다. 성도는 거룩함이고 교회이다. 교회에서 거룩함이 사라진다면 그것은 교회가 아닐 것이다. 성도가 거룩하지 않다면 성도가 아닐 것이다. 거룩하지 않다면 그 누구도 교회일 수 없다. 교회는 거룩하다.

● 참 교회의 표지는 무엇인가? (1)

16세기 종교개혁 시대에 이르러서는 이단을 비롯하여 다양한 형태의 신학과 교회들이 나타났다. 따라서 종교개혁자들은 "어떤 교회가 진짜 교회인가?"라는 질문을 던지게 되었다. 그래서 만들어진 것이 "교회의 표지"이다. 적어도 참된 교회는 이러이러한 표지가 있어야 한다고 그 기준을 결정한 것이다.

1530년, 종교개혁자 루터(Luther)의 사상을 기초로 한 "아우크스부르크 신앙고백서"(Augsburg Confession)에서 말씀과 성례 두 가지가 교회의 표지로 확립되었으며, 1560년대 칼빈의 사상을 기초로 한 "벨기에 신앙고백서"(Belgic Confession)를 통해 권징이 교회 표지로 추가되었다. 이러한 과정을 거쳐서, ① 말씀의 참된 전파, ② 성례의 정당한 집행, ③ 권징의 신실한 시행이 교회의 표지로 결정되었다.

1. 말씀의 참된 전파

1) "말씀의 참된 전파"라는 표지는 교회가 참된 교회임을 증명하는 가장 핵심적인 표지이며, 교회의 제1표지이며 가장 중요한 표지이다(요 8:31-32; 8:47; 14:23; 요일 4:1-3; 요이 1:9). 왜냐하면, 다른 두 가지 표지들도 이 첫 번째 표지 안에서 나타나야 하기 때문이다.

2) "교회가 하나님의 말씀을 올바로 전파하고 있으며, 성도들은 그 말씀대로 신앙생활하고 있는가?"라는 질문이야말로 그 교회가 예수 그리스도를 구주로 믿는 참된 교회인가를 가름하는 질문이다.

●●

신앙은 주관적인 면과 객관적인 면을 갖고 있다. 주관적인 면은 개인적인 구원의 체험을 비롯한 성도 각자의 감정적 요소이다. 그러나 이 주관적 요소를 판단하기 위한 객관적 기준이 있는데, 그것이 바로 성경 말씀이다. 신앙생활을 함에 있어서 주관적 요소와 객관적 요소, 이 두 가지가 조화되어야 한다. 그러기 위해서는 객관적 기준인 말씀이 정확하게 그리고 바르게 선포되어야 한다. 동시에 주관적 체험이 매우 귀중하다. 그러나 그 주관적 체험은 객관적 기준인 말씀의 판단을 받아야 한다. "말씀의 진정한 전파가 없는 곳에 신앙이 있을 수 없고, 신앙이 없는 곳에 신자가 있을 수 없고, 신자가 없다면 교회도 없다"라는 말이 있다. 매우 정당하고 옳은 말이다. 말씀이 바르게 선포되고, 그 선포된 말씀대로 사는 성도가 모인 교회가 참된 교회이다.

그런데 문제가 하나 있다. 그것은 "어떤 말씀이냐?"이다. 모든 교회가, 심지어 이단들까지도 모두 성경을 사용하고, 자기네들의 말씀이 참된 말씀이라고 주장하기 때문이다. 즉, "말씀의 순수성" 문제가 제기된다. 성경이 의미하는 원뜻을 바르게 해석하여 순수하게 선포하는가가 핵심이 된다. 왜냐하면, 말씀이 "이현령비현령"으로 해석될 가능성도 있으며, "아전인수"식으로 해석하여 사용할 수 있을 위험성이 얼마든지 있기 때문이다. 여기서 우리가 관심을 가져야 할 것이 신학이다. 왜냐하면, 바른 신학이어야 바른 성경해석을 할 수 있기 때문이다.

말씀의 순수성을 분별하기 위한 세 가지 기준이 있다. 첫째는 성경이 무오하고 완전한 하나님의 말씀이라는 사실을 부정하는가? 둘째는 성경을 사용하되 그 성경에 무언가를 가감하고 있는가? 그리고 마지막으로, 교주가 있어서 그의 말을 성경과 동등하게 여기고 그를 신격화하고 있는가? 만약 어떤 교회가 이러한 세 가지 질문 중의 한 가지에라도 해당된다면, 이 교회는 말씀을 참되게 전파하지 않는 교회이다. 그러한 교회는 겉모습은 교회라 할지라도 실제로는 참된 교회라 할 수 없을 것이다. 왜냐하면, 다른 복음(갈 1:7-9)을 갖고 있기 때문이다.

● 참 교회의 표지는 무엇인가? (2)

2. 성례의 정당한 집행

1) "성례의 정당한 집행"이란 교회가 "거룩한 예식"을 정당하고 합법적으로 집행하는 것을 의미한다(마 28:19; 막 16:16; 행 2:42; 고전 11:23-30).

2) 성례는 예수 그리스도께서 직접 제정하신 "세례"와 "성만찬" 두 가지뿐이다. 물론 가톨릭에서는 다섯 가지를 추가하여 칠성례를 주장하고 있지만, 이는 인위적 필요에 의한 것일 뿐 성경적이라 보기 어렵다.

3) 세계 각지에서 다양한 기독교 전통에 의해 집행되는 성례의 다양한 형식들을 어찌 다 말할 수 있으랴? 성례의 의미가 중요하고, 그 의미를 놓고서는 치열한 신학적 논쟁이 필요하지만, 성례의 형식에 관해서는 다양성을 인정해야 한다. 다양성을 좋아하시는 하나님께서 그러한 다양한 성례 형식을 통해 영광을 받으신다.

4) 성례는 주님이 직접 제정하신 것으로서 거룩한 권위를 지니고 있다. 성례는 보이는 말씀으로서 성례의 집행은 말씀의 유형적 전파라고 할 수 있다. 때문에, 성례를 "은혜의 수단"이라고 한다. 성례를 통해 은혜를 받는다는 것이다. 교회는 이 은혜의 수단을 소홀

히 해서는 안 된다. 하나님께서는 성례를 통해 죄인들에게 은혜를 주시기 때문이다. 따라서 교회는 교회의 건강과 유익을 위해 성례를 신실하게, 그리고 자주 집행해야만 한다.

5) 성례에 참여하는 자의 마음과 자세가 매우 합당해야 한다. 성례에 참여하는 자는 지난날의 죄를 회개하고 말씀대로 살기를 다짐해야 하며, 성례에 참여하는 자세와 외모 또한 신중하고 정결해야 한다. 그렇기에 우리 신앙의 선배들은 성례가 예정된 주간에는 금식하면서 몸과 마음을 정결하게 준비했다.

● ●

만약 오늘날 대한민국이란 상황을 고려하여 교회론을 구성한다면 어떤 교회론적 요소가 포함되어야만 할까? 대한민국은 비기독교 국가이다. 이러한 대한민국에서 16세기 유럽의 기독교적 문화권에서 제정된 교회의 표지 세 가지만으로 충분하다고 할 수 있을까? 당연히 아니다. 우리의 상황과 필요에 맞는 교회론이 장착되고 교회의 표지가 추가되어야 한다. 오늘날 대한민국의 현실을 보건대, 전통적인 교회 표지에다 두 가지를 더 추가해야 할 것이다.

첫째는 "열성적 복음전도"를 이 시대 교회의 표지로 추가해야 한다. 16세기에는 복음전도를 굳이 교회의 표지로 규정할 필요가 없었다. 왜냐하면, 그 시대에는 태어난 모든 사람을 기독교인으로 간주하였기 때문이다. 하지만 오늘날 대한민국은 전혀 그렇지 않다. 2015년 정부의 공식통계에 의하면 우리나라의 기독교인은 전 국민의 19.7%에 불과하다. 길거리에서 만나는 사람 10명 중에서 8명이 교회에 다니지 않는 비신자 나라가 대한민국이다. 따라서 대한민국에서 참된 교회는 복음전도하는 교회라 할 것이다.

둘째는 "공공성"이 이 시대 교회의 표지로 추가되어야 한다. "공공성"이란 쉽게 말하자면 교회의 "착한 행실"을 의미한다. 세상 사람들이 교회의 존재 가치를 인정하도록 교회가 행동해야 한다는 것이다. 성경적 표현을 사용하면, "산 위에 있는 동네"로 존재하고, "빛과 소금"으로서 행동하는 것을 의미한다(마 5:13-16). 대한민국에서의 참된 교회는 교회의 공공성을 드러내는 교회라 할 것이다.

참 교회의 표지는 무엇인가? (3)

3. 권징의 신실한 시행

1) 교회의 회원인 교인(성도)이 당연히 지켜야만 하는 윤리와 질서, 그리고 믿어야만 하는 교리가 있는데, 권징이란 그러한 윤리와 질서 그리고 교리에 어긋나게 사는 교인을 처벌하는 것을 의미한다. 권징의 목적은 그 당사자가 회개하여 거룩함을 회복하게 하기 위함이며, 또한 교회가 성결함을 유지하기 위해서이다(마 18:18; 고전 5:1-5; 5:13; 14:33; 14:40; 계 2:14-15; 2:20).

2) 한두 사람의 거룩하지 못한 모습은 곧바로 교회 전체의 거룩함을 훼손한다. 사탄은 끊임없이 교회의 거룩함(성결함)을 무너뜨리기 위해서 공격한다. 그런데 그 공격은 교회 내의 한두 사람의 거룩하지 못한 행동, 한 마디 언어, 그리고 비성경적인 교리나 생각을 통해서 이루어진다. 때문에, 교회는 성도와 교회를 보호하기 위해 성도답지 않은 행동과 말과 생각에 대해 징계를 내려야만 한다.

3) 권징은 성경의 가르침을 기초로 한다(마 18:15-17; 고전 5:2; 계 2:2). 성경은 진리를 사수하고 교회의 거룩을 유지하기 위해 매우 엄격하게 권징을 시행하라고 한다. 특별히 예수님께서는 권징의 절차 삼단계를 말씀하셨는데, 첫째 단계로 개인적인 권면과 위로와 경계,

둘째 단계로 두세 증인의 확증, 그리고 마지막 단계로 교회의 공적인 징벌이다. 공적인 징벌 절차는 대체로 각 교단의 헌법에 자세히 나타나 있다.

●●

오늘날 "권징의 신실한 시행"을 보기 드물다. 교회에서 권징이 사라지고 있다는 말이다. 교회가 서로 경쟁하다보니, 또 성장주의에 빠지다 보니, 한 사람이라도 더 붙잡으려 하게 되고, 그러다 보니 성도의 웬만한 잘못에 대해서는 권징을 정당하게 시행하지 못하는 것 같다. 또한, 극히 드문 일이기는 하지만 권징이 어떤 사사로운 목적에 의해 오용되고 남용되는 경우도 있다. 더욱 안타까운 점은 교인들이 교회의 권징을 수용하지 않으려 한다는 것이다. 오늘날 교회의 가르침과 권면과 징계를 인정하지 않는 풍조가 교인들 사이에서도 만연하고 있다. 그렇기에 오늘날 교회의 권징이 세상 법정 문제로까지 비화되고 있는 것이다. 교회는 권징을 시행할 때 적법하고 정당하게 시행해야 한다. "신실한 시행"이야말로 권징 제도의 핵심이다. 동시에 성도는 교회의 권징을 받아들이고 권징에 따라 회개하는 모습을 보여야 한다. 히브리서 기자가 잠 3:11-12 말씀을 인용하여 말하기를 "주의 징계하심을 경히 여기지 말며 그에게 꾸지람을 받을 때에 낙심하지 말라"라고 했다(히 12:5). 이 말씀을 교회의 권징에 성도가 복종해야 함을 의미한다고 보아도 전혀 문제가 없을 것이다.

교회를 이끌어가는 원동력이 무엇인가?

교회를 이끌어 가는(밀고 가는) 다양한 원동력 있다. 교회에서 일어나는 모든 일의 뒤에는 그것을 일어나게 하고, 조정하고, 인도하는 원동력이 있다. 그 원동력이 무엇인지 이야기되지 않을 수도 있고, 알려지지 않을 수도 있지만, 그러나 교회의 모든 면에 영향을 끼치는 그 원동력은 엄연히 존재한다. 당신의 교회를 이끌어가는 그 원동력은 무엇인가? 아마도 다음과 같은 것일 수 있다.

1. 전통
2. 영향력 있는 개인
3. 재정
4. 건물
5. 행사와 프로그램
6. 구도자(Seeker, 비신자의 요구)
7. 존재 목적

●●

1. 전통에 의해서 이끌리는 교회

1) "우리는 언제나 그렇게 해왔다" 혹은 "우리는 그러한 방법으로 일해본 적이 없다"라고 말한다.

2) 변화에 대해 언제나 부정적이다.

3) 규칙과 법과 의식이 지배한다. 심지어 하나님의 뜻까지도 전통 다음의 이차적인 요소로 취급한다.

2. 영향력 있는 개인에 의해서 이끌리는 교회

1) "그 사람(리더)이 어떻게 생각하느냐?"가 주요 관심사이다.

2) 개척교회나 장기목회가 이루어진 교회에서는 목사가 영향력 있는 개인이 될 수 있다.

3) 목사가 자주 바뀌는 교회에서는 핵심적인 장로(평신도)가 영향력 있는 개인이 될 수 있다.

4) 교회의 모든 결정이 하나님의 뜻이나 성도들의 필요보다는 그 한 사람의 필요와 판단에 의해 이루어질 위험이 있다.

3. 재정에 의해서 이끌리는 교회

1) "돈이 얼마나 드느냐?"가 주요 관심사이다.

2) 교회의 경제력은 건강한 교회를 판단하는 한 척도이기는 하지만, 그러나 그것이 결코 교회를 조정하는 요소가 될 수 없다. 이보다 훨씬 중요한 것은 "하나님이 무엇하기를 원하시느냐"이다. 교회

는 경제적 Saving(저축)을 위해서 존재하는 것이 아니라 인간의 Saving(구원)을 위해 존재한다.

3) 보통 교회가 설립된 이후 초창기에는 믿음에 의해 교회가 이끌리는데, 교회가 나이 먹을수록 재정에 의해서 이끌리는 경향이 있다.

4. 건물에 의해서 이끌리는 교회

1) 교회당과 교회를 혼동한다. "우리가 교회 건물을 짓지만 결국 그 건물이 우리를 만들어 간다." 결국, 교회당에 헌신하는 것을 하나님께 헌신하는 것으로 여기게 된다.

2) 교회당을 성전으로 간주하여 성전 건축을 존재 목적으로 삼는다. 많은 교회가 분수 이상의 교회당을 짓고 그것을 유지하기 위해 교회의 전력을 쏟고 있다. 그리고 정작 교회가 해야 하는 목회활동은 희생시킨다.

3) 교회당은 중요하다. 그러나 교회의 제일 되는 목표가 되어서는 안 된다. 교회당은 교회를 담기 위한 도구에 불과하다.

5. 행사(Event)에 의해서 이끌리는 교회

1) "교회의 존재 목적은 성도를 바쁘게 하는 것이다"라는 표어로 교

회가 각종 행사일정으로 짜여 있다.

2) 행사의 결과나 그 행사가 맺는 열매에는 관심을 두지 않는다. 그냥 행사 자체에 관심을 둘 뿐이며, 그 행사의 분명한 목적도 없다.

3) 각종 행사에 참석하는 빈도가 신앙심의 척도가 된다. "모임"과 "목회"가 혼돈되어서는 안 된다.

6. 구도자(Seeker, 불신자의 요구)에 의해서 이끌리는 교회

1) "세상 사람들이 무엇을 원하는가?"에 관심을 둔다.

2) 교회가 비신자를 전도하기 위해 그들에게 매력적이어야 함은 분명하다. 그들의 필요와 그들의 고통을 이해하고 교회가 충족시킬 수 있어야 한다. 그러나 교회의 모든 방향이 비신자의 욕구를 만족시키기 위해 결정될 수 없다.

3) 비신자에게 관심이 있는(Seeker Sensitive) 교회가 되어야지 전도를 위한다는 명목으로 비신자에 의해 이끌어지는(Seeker-Driven) 교회가 되어서는 안 된다. (전도는 교회의 중요한 사명이다. 그러나 교회의 사명이 전도 한 가지인 것은 아니다.)

4) 상업적 원리("고객은 왕")가 교회에 적용되어서는 안 된다. 우리는 우리 시대의 문화를 이해하고 교회에 적용할 수 있어야 한다. 그러나 그 문화 속의 죄악 된 요소를 분별할 수 있어야 한다.

교회의 존재 목적이 이끌어 가는 교회는 어떤 특징이 있는가?

1. 교회의 기초가 중요하다.

1) 기초만 확고히 세워지면 건축의 절반은 완성된 셈이다. 어떤 건물이든지 그 규모나 튼튼함에 있어서 기초공사의 범위를 넘어설 수 없다.

2) 불충분한 기초나 잘못된 기초 위에 세워진 교회는 결코 하나님께서 계획했던 규모나 튼튼한 교회로 세워질 수 없다. 건강하고 강하고 성장하는 교회를 세우기 원한다면, 교회의 기초를 다지는 데 시간과 공력을 투자해야만 한다.

3) 교회의 기초는 목회자나 모든 성도가 "왜 교회가 여기에 존재해야 하는지, 무엇을 해야만 하는지"를 분명하게 하는 것이다. 만약 이러한 분명한 기초(목적)가 전 성도에게 분명해지면 믿을 수 없으리만큼 놀라운 교회를 이끄는 원동력이 된다.

2. 교회의 분명한 목적은 다음과 같은 유익함을 가져다준다.

1) 교회가 도덕적으로 되게 한다. 목적을 알고 있기에 교회 내의 분열이나 분란을 제거한다.

2) 교회가 겪는 좌절을 줄인다. 분명한 목적은 무엇을 해야 하며 무엇

을 하지 않아야 하는지를 결정한다. 많은 교회와 목회자들이 너무 많은 종류의 일을 하려다가 좌절하게 되는데, 분명한 목적을 알면 무엇을 하지 않아도 되는 것을 알기에 좌절을 줄여준다.

3) 교회가 집중력을 갖게 한다. 분명한 목적은 교회의 힘을 집중하게 한다. 돋보기를 통과한 빛의 위력을 생각하자. 존재 목적이 분명한 교회(개인)는 마치 레이저빔처럼 훨씬 놀라운 충격을 준다. 뚜렷한 목적을 가진 교회는 더욱 크게 그 지역에 영향을 끼친다.

4) 성도들의 협동심을 불러일으킨다. 사람들은 일반적으로 가는 방향과 목적지를 분명하게 알 때 더 협조하고 헌신한다. 교회의 분명한 존재 목적은 교회를 하나 되게 한다. 아무도 목적지를 확인하지 (알고 있지) 않고서는 버스를 타지 않는 법이다.

5) 교회의 모든 것을 평가하는 데 유익하다. 분명한 존재 목적은 지금 교회의 형편을 평가하는 기준이 된다. 어느 지점에 와 있는지, 얼마나 더 가야 하는지, 방향을 올바르게 잡았는지 등을 평가하는 데 분명한 존재 목적은 도움을 준다.

교회의 존재 목적을 규정하는 방법은 무엇인가?

1. 존재 목적을 알기 위해서 던져야만 하는 질문들

1) 왜 교회는 존재하는가?

2) 교회로서 존재하는 우리는 누구인가?

3) 교회로서 우리는 지금 이곳에서 무엇을 해야 하는가? (하나님께서는 우리가 지금 이곳에서 무엇하기를 원하시는가?)

4) 우리가 그것을 어떻게 이루어 낼 것인가?

2. 교회의 존재 목적을 결정할 때 고려해야 할 사항들

1) 하나님은 성경에 교회의 사명을 밝혀 놓으셨다.

2) 하나님은 각 교회에게 각기 처한 상황 속에서 사명 감당할 것을 요구하신다.

3) 하나님은 모든 목회자들에게 각기 다른 비전과 사명을 주신다.

3. 결론

따라서 교회의 존재 목적을 결정할 때, 성경적 진리가 수용되어야 하며, 교회의 지역적, 문화적, 역사적 상황이 고려되어야 하고, 동시에 목회자의 비전과 사명이 고려되어야 한다. (목적을 이루는 방법에서도 이

세 요소가 고려되어야 한다.) "성장하는 교회"에 관심을 둘 것인가 아니면 "성장하는 성도들"에 관심을 둘 것인가에 따라 교회 존재 목적과 방법론이 달라진다.

●●

교회가 감당해야만 하는 일을 나열하자면 끝이 없을 것이다. 그러나 이 땅에 그 모든 일을 다할 수 있는 교회는 존재하지 않는다. 왜냐하면, 하나님이 그 교회에 주신 자원이 제한되어 있기 때문이다. 한 교회가 우선으로 해야 할 일은 사실 몇 가지일 뿐이다. 모든 교회 구성원은 각각 교회가 무엇을 해야 할지에 대한 자기 의견이 있다. 그렇다 하여 교회는 그 의견들을 모두 수용하여 실행할 수 없다. 교회는 언제나 "이 일이 하나님께서 우리 교회를 세우신 목적을 이루어내는 일인가"를 물어야 한다. 교회가 효과적으로 하나님의 일을 할 수 있으려면 "선택과 집중"이라는 원칙을 따라야 한다. 우선순위를 결정하여 우선적인 것을 실행하는 것이다. 그리고 그 외의 것들에 대해서는 집착하지 않아야 한다. 모든 것을 다 하려는 교회의 노력은 교회의 집중력(힘)을 분산시킨다. 일을 많이 한다고 해서 그 교회가 효과적인 것은 아니다. 하나님께서는 많은 일을 하는 교회보다 효과적인 교회를 원하신다고 믿는다.

교회의 존재 목적이 무엇인가? – 예배이다 (1)[1]

1. 예배란 무엇인가?

1) 예배는 어원적으로 "노동하다", "사역하다", "절하다", "무릎을 구부리다" 등의 의미이다.

2) 예배란 자기보다 우월한 어떤 이에게 영광을 돌리는 것이다. 따라서 예배는 예배드리는 자의 중심이나 기호에 맞추는 것이 아니라 예배의 대상자 중심이고 그분의 기호에 맞아야 한다.

3) 예배는 삼위일체 하나님께 대한 "존경과 경배하는 행동"이다.

2. 예배는 하나님 중심이다.

1) 예배는 하나님의 능하신 행동에 영광을 돌리는 행위이다.

2) 예배는 하나님의 권위 있는 말씀을 듣는 행위이다.

3) 예배는 우리를 백성 삼으신 하나님과 인격적으로 교제하는 행위이다.

4) 예배에서 무엇을 얻었는가를 묻기 전에 예배에서 무엇을 하였는가를 물어야 한다.

---

1 이 부분은 Westminster 신학교의 John M. Frame 교수의 책 *Worship in Spirit and Truth*를 참고했다.

3. 예배는 하나님과의 수직적인 면만이 아니라 이웃들과의 수평적인 면도 포함된다.

1) 예배란 삼위 하나님을 기쁘시게 하기 위하여 드려지는 수직적인 성격을 갖는다. 예배를 통하여 우리는 그분만을 기쁘게 해드려야 한다. 그러나 이것이 수평적인 (인간적인 필요들) 관계를 무시하는 것이 아니다.

2) 우리는 하나님께만 너무 몰입됨으로 인하여 옆에 있는 사람들에게 무관심하지 않도록 해야 한다. 예를 들어, 예배자는 주변의 가난한 자들의 필요를 무시해서는 안 된다(사 1:10-17; 고전 11:17-34; 약 2:1-7).

3) 이러한 "수직적인 예배"와 "수평적인 예배"를 다른 말로 "좁은 의미에서의 예배"와 "넓은 의미에서의 예배"라고 한다.

① 구약의 성막이나 성전에서의 희생제물을 통한 예배, 그리고 신약의 지역 교회 안에서 일정한 형식을 통해 드리는 예배는 좁은 의미에서의 예배라 할 수 있다.

② 그러나 구약에서 하나님은 삶이 뒤따르지 않은 단순히 형식적인 예배의 모습을 원치 않으신다(사 1:10-17; 미 6:6-8; 호 6:6). 신약에서도 말하기를 우리 몸을 하나님이 기뻐하시는 산제물로 드릴 것을 요구한다(롬 12:1). 즉 진정한 예배란 하나님께 순종하는 삶이 포함되어야 함을 말한다. 이것이 넓은 의미에서의 예배이다.

4) 결국 예배는 수직적인 차원뿐만 아니라 수평적인 차원도 포함하는 것이다. 그러나 수평적인 면을 강조하다 보면 자칫 예배가 오락을 제공하는 프로그램이나, 사람을 위한 행사, 즉 인간 중심의

예배로 전락할 위험성이 있다. 궁극적으로 예배는 교회가 정한 정규 예배만을 의미하지 않는다. 성도의 삶 역시 귀중한 예배이다(롬 12:1).

●●

크레이크 밴 겔더(Craig Van Gelder)라는 신학자는 어느 교회가 자신의 교회론을 확정하기 위하여 다음과 같은 세 가지 질문을 던지고 그 답을 찾아야 한다고 했다.

1. 교회는 무엇인가? (교회의 본질)
2. 교회는 무엇을 하는가? (교회의 사역)
3. 교회는 어떻게 자신의 활동을 구성하는가? (교회의 조직)

그는 주장하기를, 교회의 본질로부터 교회의 사역이 정해져야 하고, 교회의 사역이 결정되면 그 사역을 하기 위한 조직이 구성되어야 한다고 말했다. 겔더는 "교회는 존재한다. 교회는 존재하는 바를 행한다. 교회는 행하는 바를 조직한다"라고 했으며, 또 "교회의 본질은 성령을 통한 하나님의 현존에 기초한다. 교회의 사역은 교회의 본질로부터 나온다. 교회의 조직은 교회의 사역을 지원하기 위해 설계된다"라고 했다.

많은 전통적인 교회의 경우, 교회의 본질(존재 목적)이 사역을 결정하기보다는, 먼저 사역을 정하고 그 사역으로부터 교회의 존재 목적을 발견한다. 또한, 사역을 감당하기 위한 조직을 만들기보다는 만들어진 조직이 행할 수 있는 사역을 행한다. 즉, 본질–사역–조직이라는 순서가 조직–사역–본질이라는 역순으로 바뀐 것이다. 그 때문에 많은 전통적인 교회가 세상을 위한 선교적 교회가 되지 못하고 있다고 하겠다.

(Craig Van Gelder, 『교회의 본질』, 61쪽 참조.)

교회의 존재 목적이 무엇인가?
– 예배이다 (2)

4. 예배자의 자세

1) 예배는 지, 정, 의가 총체적으로 연결된 의식이다. 예배에 있어서 감정의 역할을 무시해서는 안 된다.

2) 예배는 경건하게, 기쁘게, 죄에 대해 자복하고 회개하는 마음으로, 참여하는 자세로, 믿음을 갖고, 사랑을 갖고(하나님과 이웃에 대한), 담대함으로, 가족적 친밀감을 느끼며(하나님을 아버지라고 부름) 드려야 한다.

3) 예배에 있어서 하나님께서 요구하신 것과 우리가 편안함을 느끼는 것 사이를 구별해야 하고, 성경적인 기준들과 개인적인 취향들을 구별해야 한다.

5. 예배의 형식과 내용

1) 교회는 교회가 정하여 드리는 공적 예배가 성스러운 예배가 되도록 예배의 형식과 내용에 관하여 끊임없이 돌아보아야 하고, 어떤 경우에라도 예배를 세속화된 문화와 타협하는 도구로 삼지 말아야 한다.

2) 성경에 나타난 예배에는 일반적으로 다음과 같은 것들이 시행되

었다. 문안과 축도, 성경봉독, 설교와 가르침, 예언과 방언, 기도, 찬송, 서약, 신앙고백, 성례, 권징, 헌금, 교제 등이다.

3) 이외에도 성경에는 예배 행위로 손뼉을 치는 행위(시 47:1), 손을 드는 행위(시 63:4; 134:2; 딤전 2:8), 합창과 악기 연주(출 15장; 대상 25:1-31; 시 150편), 회중의 화답(신 27:15; 고전 14:16), 춤추기(출 15:20; 렘 31:4; 시 149:3), 그리고 지도자를 선출하는 일(행 1:12-26) 등이 기록되어 있다.

4) 이러한 요소들을 크게 나누면, "하나님께서 우리에게 말씀하심"(말씀과 성례)과 "우리가 하나님께 말함"(하나님 말씀에 대한 합당한 반응)으로 나눌 수 있다.

6. 시대를 입은 예배형식의 개발

1) 각 종파나 교단마다 고유한 예배 모범이 마련되어 있기에 일차적으로 소속 종파나 교단의 예배 모범을 따르는 것이 바람직하다.

2) 하지만 동시에 변할 수 없는 복음을 변하는 이 세상에 더 효과적으로 전파하기 위해서 현장에 잘 접목되는 예배형식을 창조하는 것 또한 필요하다.

3) 예배의 내용은 변할 수 없지만, 그 내용을 담는 형식은 지금까지 변해 왔고 앞으로 변할 것이고 변해야만 한다.

● ●

"넓은 의미에서의 예배"는 신약 시대에 와서 강화되었다. 왜냐하면, 구약의 모든 예배를 예수님이 완성하심으로 구약의 의식들을 문자적으로 지킬 필요가 없어졌기 때문이다. 따라서 신약의 예배는 하나님의 말씀에 더욱 순종하는 삶, 우리 자신을 그분의 목적에 맞게 드리는 희생의 삶을 강조하게 되었다. 이 넓은 의미의 예배는 공식적인 의식들로 구성되어 있지는 않지만, 성경 전체에 나타난 예배의 개념상 매우 중요한 것이다. 이러한 넓은 의미에서의 예배 없이 드려지는 좁은 의미에서의 예배는 하나님께서 받지 않으신다(약 1:26-27).

그러나 이 넓은 의미의 예배의 개념이 특별한 장소에 특별히 모여서 특별한 의식에 의해 드리는 좁은 의미의 예배를 무시하지 않는다. 초대교회부터 특별한 모임은 있었다. 예수님께서는 그의 이름으로 특별히 모이는 이들에게 복을 주셨다(마 18:20). 성만찬도 특별한 모임을 전제로 하고 있다. 초대교회는 함께 모이는 것을 기뻐하였고, 그 모임들 속에서 특별한 축복을 경험했다(행 1:6; 1:14; 2:42-47; 4:23-31; 5:42; 13:2; 20:7-38; 고전 11:18-34; 14:1-40; 벧전 3:21). 성경은 예배하기 위한 특별한 모임에 하나님께서 임재하신다는 사실을 분명하게 보여 주고 있다. 이런 이유에서 성도들의 예배를 위한 특별한 모임은 선택사항이 아니다. 어떤 사람들은 교회에 갈 수도 있고 안 갈 수도 있다고 주장한다. 왜냐하면, 삶이 예배라고 주장하기 때문이다. 그러나 히브리서 기자는 "모이기를 폐하는 어떤 사람들의 습관과 같이 하지 말고 오직 권하여 그날이 가까움을 볼수록 더욱 그리하자"(히 10:25)라고 기록하고 있다.

교회의 존재 목적이 무엇인가?
- 교육(훈련, 양육)이다 (1)

1. 교회는 교육하는 곳이다.

1) 교회는 구원받은 사람을 예수 그리스도의 온전한 제자가 되도록 말씀으로 양육하기 위하여 존재한다. 교회는 가르치는 곳이다 (마 28:19-20).

2) 교육의 목적은 "하나님의 백성이 되게 하는 것"이다.

3) 교회는 특별히 다음 세대 자녀들을 말씀으로 양육하기 위해 존재하며, 좋은 신앙 전통을 자녀들에게 물려주는 것을 위해 존재한다.

2. 교육이란 무엇인가?

1) 전도만으로 교회의 사명을 다했다고 할 수 없다. 전도는 영적으로 젖먹이를 낳는 것이다. 교회는 그 젖먹이를 "그리스도의 장성한 분량이 충만한 데까지"(엡 4:13) 성장시켜 하나님 나라의 백성으로 키워내야 한다.

2) 초대교회의 경우, 새로 믿은 신자가 그리스도의 착실한 제자가 될 수 있는가는 그들이 받는 재교육이 얼마나 철저했는가에 달려 있었다. 사람들이 회개하고 믿는 것만으로는 충분하지 않았다. 신앙을 이해하도록 인도해야 했으며, 그들의 일상생활에 있어서 신앙

의 확실한 증인이 될 수 있게 했다. 이를 위한 교육이 매우 철저했다.

3) 구원을 설명하기 위해 사용된 "양자 삼음"(Adoption, 롬 8:23; 갈 4:5)의 의미는 교회의 양육 의무를 설명하기도 한다. 양자가 된다는 것은 한 아이가 어떤 가족의 일원이 되는 것이며, 그럼으로써 그 가족의 생활방식, 습관과 사고방식, 귀중한 신조, 가족의 분위기 등을 받아들이는 것이다. 또한, 가족들은 그를 따뜻하게 받아들이고, 그 가족의 소유를 그의 것이 되게 하며, 그 가족의 습관과 가치관을 그에게 가르친다. 이것이 교회가 해야만 하는 양육이자 교육이다. 가족은 교회이고, 양자는 성도들이다.

3. 어디까지 교육해야 하는가?

1) 하나님 아버지의 온전하심에 도달할 때까지(마 5:48; 엡 4:13)
2) 이웃을 사랑할 수 있을 때까지(벧후 1:5-7)
3) 은사를 통하여 충성할 때까지(고전 4:2)
4) 제자화는 성도가 그리스도 안에서 성숙해지는 것을 말할 뿐 아니라, 또 다른 성도를 양육할 수 있는 능력을 갖출 수 있을 때까지를 의미한다.

교회의 존재 목적이 무엇인가? - 교육(훈련, 양육)이다 (2)

4. 왜 교육해야 하는가?

1) 하나님의 사람으로서 온전케 되도록 하기 위하여(딤후 3:17)

2) 요동치 않게 하기 위하여(엡 4:14)

3) 기독교의 기본 진리에 대한 교육은 필수적이다. 아무리 믿음의 열정이 불같다 하더라도 교육받는 것이 없으면 온전하지 못한 성도가 된다(골 2:4; 2:8).

5. 무엇으로 교육하는가?

1) 성경으로(딤후 3:16-17)

① "믿음의 말씀과 선한 교훈으로"(딤전 4:6)

② "순전하고 신령한 젖"(벧전 2:2)

2) 선한 행실로의 증거를 보여 줌으로(마 5:16; 딤전 5:10)

3) 신중함과 의로움과 경건함으로(딛 2:12)

6. 교육의 결과는 무엇인가?

1) 교회의 부흥(행 6:7)

2) 교회가 교육적 사명을 감당할 때, 성도는 하나님의 뜻과 진리와 명

령과 규범을 알 수 있게 되며, 진리를 수호할 수 있는 담대함과 말씀을 전할 수 있는 능력을 갖게 된다.

3) 교육에 대한 무관심은 하나님 나라의 미래를 어둡게 하는 요소이다. 교회에서 교육은 몇몇 젊은이나 교역자의 손에 맡겨진 일이라든가 혹은 어떤 재능있는 평신도들의 영역이라는 관념이 팽배하며, 다른 영역에 비해서 교육에는 별반 관심이 없고, 교육에 대하여 투자하려는 예산에 대하여 매우 인색하다. 그런데 교육이 무시될 때 성도의 질이 문제가 된다. 결국, 값싼 복음에 의한 값싼 기독교인들이 대량 배출되게 되는 것이다(본회퍼).

7. 교회 교육 정책 방향

1) "선 투자, 후 열매" 정책, "우리가 투자, 하나님이 거둠" 정책

2) 주일학교 교육의 세분화

3) 장년 교육의 체계화(예를 들어 "학점제")

4) 주중 프로그램 활성화

5) 체계화된 교사 양육 프로그램을 계발로 우수한 교사 배출

● 교회의 존재 목적이 무엇인가? – 친교(교제)이다 (1)

1. 교회는 친교(교제)를 통하여 하나님의 가족을 이루는 곳이다.

1) 교회는 성도 상호 간의 교제를 위해 존재한다(행 2:46). 이것은 단순히 친교만을 의미하지 않는다. 성도의 교제는 성도 간에 서로 존중하고, 서로 보호하고, 서로 의지하며, 서로에게 정직하고, 서로에게 충성하는 것을 의미한다.

2) 예수님은 우리에게 하나님을 사랑하고 동시에 서로를 사랑하라고 가르치셨다. 교회에 속한다는 것은, 즉 그리스도에게 속한다는 것은 하나님만 아니라 사람들과도 관계를 맺는 것을 의미한다. 따라서 성도의 친교는 ① 하나님과의 친교, ② 성도 상호 간의 친교 두 가지를 의미한다.

3) 바울은 교회를 그리스도의 몸으로, 그리고 각 성도를 그 몸의 지체로 묘사하고 있다(고전 12:27; 엡 1:23; 골 1:18). 머리와 각 지체가 성령 안에서 교제함으로 몸(교회)이 존속하게 되는 것이다.

4) 사도신경에는 "성도가 서로 교통하는 것"이라는 내용이 포함되어 있다. 이는 성도의 교통이 기독교 신앙고백의 중요한 한 요소임을 말하는 것이다. 성도들과 주 안에서 교제를 나누어야 하는 일은 직분자의 중요한 사명이다.

2. 성경에 나타난 친교(교제)의 의미

1) 구약에 나타난 친교 : "내가 반드시 너와 함께 있으리라"(출 3:12)는 언약 하에, 이스라엘 공동체는 하나님과 독특한 관계를 누렸다. 구름기둥과 불기둥, 언약궤, 성소와 성전 등은 하나님과 이스라엘 백성들 간의 친교의 상징물이었다. 비록 이스라엘 백성들은 그들 가운데 사는 나그네들과 이방인들을 특별하게 보호해야 했지만(출 23:9; 신 10:18-19), 그러나 이방인과의 교제는 피했다(출 12:43).

2) 신약에 나타난 친교 : 하나님과 그의 백성의 친교는 그리스도 안에서의 교통(Communion)을 통해서 이루어진다. 성도들은 하나님과 그의 아들과 더불어 교제하며(고전 1:9; 요일 1:3), 성령과 더불어 교제하며(고전 12:13) 또한 서로가 교제하기 위하여 부르심을 받았다(요일 1:6-7).

3. 성경에 나타난 친교의 모습

1) 기도와 더불어 서로 간의 죄를 고백(약 5:16)

2) 사랑과 선행의 격려(히 10:24)

3) 성찬에 참여(고전 10:16; 11:24-25)

4) 성도의 필요를 제공(행 11:29; 롬 12:13; 15:25; 고전 16:1-2; 고후 8:4; 히 13:16)

5) 연약한 자의 약점을 짊어지고 타인을 기쁘게 함(롬 15:1-2)

6) 복음전도(갈 2:9, 바울과 다른 제자들과의 교제는 복음전도를 위함)

교회의 존재 목적이 무엇인가?
- 친교(교제)이다 (2)

4. 친교의 특징

1) 교회 생활은 친교의 생활이다. 즉 다른 성도와 더불어 공동생활하는 것이다. 다른 사람을 통하여 하나님의 사랑을 받으며, 다른 사람에게 하나님의 사랑을 제공한다.

2) 교회에서의 친교는 선택적인 활동이 아니다. 또 편리할 때만, 시간이 허락될 때만, 기분이 허락될 때만 참여하는 활동이 아니다. 친교는 그리스도를 따르는 모든 사람에게 필수적이다. 다른 사람과의 친교를 통해서 하나님께서는 우리를 강건하게 하시며, 이 세상에서 충성스러운 제자의 삶을 계속해서 살아갈 수 있게 하신다. 예수님은 성도 서로 간의 친교가 있기를 기도하셨다(요 17:21).

3) 친교를 통하여 우리는 하나님이 원하시는 인간관계를 배울 수 있고, 또한 실천한다. 우리는 친교를 통하여 다른 사람을 섬기는 기회를 얻는다. 친교는 하나님을 배우는 과정이다. 다른 성도와의 친교가 있으면, 하나님과의 친교가 계속되고 있다는 증거이며(요일 4:12), 또한 하나님과의 친교는 성도 상호 간의 교제(열매 맺는 삶)를 위한 선행조건이다(요 15:4-5).

4) 교회에서의 친교는 계획적인 모든 행사(예배, 성경공부, 선교 프로젝트

등)와 계획적이지 않은 모든 활동(심방, 간식을 통한 대화, 우연한 만남, 서로 달라서 발생하는 성도 상호 간의 갈등 등)을 통해 이루어진다.

5) 교회에서의 친교는 성도 상호 간의 나눔까지도 포함한다. 나눔이란 경제적, 감정적, 영적 필요를 서로 채워주고, 그리스도 안에서 형제 자매로서 서로가 서로에게 책임을 다하는 것을 의미한다.

6) 교회에서의 친교에는 유대인과 이방인, 종과 자유인, 남자와 여자 사이의 어떠한 구별도 없다. 왜냐하면, 그리스도에 대한 믿음은 모든 사람을 그리스도 안에서 하나가 되게 하고, 동등하게 하기 때문이다(갈 3:28).

5. 성경에는 해서는 안 되는 친교에 대한 교훈도 있다.

1) 친교를 금할 자들 : 악을 행하는 자(출 23:2), 입술을 벌린 자(잠 20:19), 탐식자(잠 28:7), 미련한 자(잠 14:7), 노를 품은 자(잠 22:24), 도둑(잠 29:24), 음녀(잠 7:25), 교훈을 거슬러 분쟁을 일으키는 자(롬 16:17-18), 음행하는 자(고전 5:11), 불신자(고후 6:14-17), 게으른 자(살후 3:6), 말씀에 불순종하는 자(살후 3:14), 경건의 능력을 부인하는 자(딤후 3:4-5), 거짓 선생(요이 1:10-11), 적그리스도(요일 2:22)

2) 잘못된 친교의 실례 : 롯과 소돔 사람(창 19:14-15), 이스라엘과 고라 도당(민 16:21-26), 이스라엘과 가나안 족속(민 33:55; 삿 2:1-3)

교회의 존재 목적이 무엇인가? - 봉사이다 (1)

1. 교회는 봉사를 통하여 하나님의 사랑을 실천하는 곳이다.

1) 봉사란 무엇인가? 여기서 봉사란 사역을 의미한다.

2) 교회는 성도들이 각자에게 주어진 은사(롬 12:4-8; 엡 4:11-12)를 사용하여 사역하고 봉사하는 것을 돕기 위하여 존재한다.

3) 교회는 성도들이 교회 밖에서 빛과 소금의 역할을 감당하게 함으로 그리스도인의 향기를 발하게 하기 위하여 존재한다.

2. 봉사의 대상은 하나님, 교회, 그리고 세상이다.

1) 하나님이 봉사의 대상이다. 이는 예배나 기도 등을 통해 직접 하나님을 섬기는 것을 말한다. 봉사는 궁극적으로 하나님을 섬기는 것이다(민 18:20; 요 12:26; 고후 9:12).

2) 교회가 봉사의 대상이다. 주님의 몸인 교회에 봉사함으로 하나님을 섬긴다. 교회 각 부서에 소속되어 교회 사업에 협조하고 봉사해야 한다(민 1:50; 눅 12:42; 빌 2:30).

3) 세상이 봉사의 대상이다. 주님의 명령에 따라 세상을 섬김으로 하나님을 섬기는 것이다(행 21:19; 롬 12:7-8; 빌 2:17).

3. 봉사의 이유

1) 하나님께서 우리에게 봉사하셨고 지금도 하고 계시기 때문이며 그분이 봉사를 명령하고 있기에 그의 백성들은 봉사해야 한다. 봉사란 하나님의 사랑에 대한 반응이다.

2) 봉사는 연기할 수 있는 것이 아니다. 봉사의 기회가 언제나 주어지는 것은 아니다. 머뭇거리면 사라져 버린다(마 13:4).

4. 성경에 나타난 봉사의 자세

1) 은밀하게(마 6:3-4)

2) 예수님처럼(요 13:14)

3) 성령의 능력으로(빌 3:3)

4) 청지기같이(벧전 4:10)

5) 겸손하게(벧전 4:11)

교회의 존재 목적이 무엇인가? - 봉사이다 (2)

5. 봉사의 도구

1) 자신(몸과 마음)(롬 12:1; 엡 6:6)

2) 시간(엡 5:15-16)

3) 소유 : 창 1:1과 요 1:3에서 우주를 창조하신 분은 하나님이라고 하셨고, 행 17:25에서는 그 모든 창조물을 우리에게 주셨다고 했다. 우리가 가진 모든 것은 다 하나님의 것이다. 우리는 그것을 선하게 사용해야 할 책임이 있다.

6. 봉사에 대한 보상

1) 보람된 삶이다. 봉사는 마음에 평화를 준다. 인생에 있어서 정작 중요한 것은 "편안"이 아니라 "평안"이다.

2) 풍성한 삶이다. 주와 함께 있으면 많은 열매를 얻게 된다(요 15:5). 봉사는 일꾼이 품을 팔아 놓은 것과 같아서 후에 돌려받는다.

3) 영원한 상급이다. "모든 눈물을 씻어 주실 것이라"(계 7:17). "썩지 아니할 면류관"(고전 9:25).

● 교회의 세 가지 권세

1. 교리/교훈권 : 성경의 진리를 수호하고 전파하는 권세를 말한다.

1) 말씀 수호권 : 불신세력에 대항하여 하나님의 말씀을 수호해야 함을 의미한다.

2) 말씀 해석 및 교훈권 : 죄인의 회심과 성도의 성장을 위해 하나님의 말씀을 해석하여 가르쳐야 함을 의미한다.

3) 교리 제정권 : 진리를 쉽게 알아볼 수 있도록 체계화한 교리나 신앙고백을 만들어야 함을 의미한다.

2. 치리권 : 교회의 질서와 순결을 유지하기 위한 권세를 말한다.

1) 질서 유지권 : 그리스도께서 말씀하신 명령을 집행하고 교회 헌법을 제정할 권세를 의미한다.

2) 순결 유지권 : 교회의 순결을 유지하기 위해 실시하는 권징을 의미한다.

3. 봉사/사역권 : 그리스도의 제사장직을 본받아 교회 안팎에서 사람들에게 봉사할 권세를 말한다.

1) 영적 봉사권 : 병자나 혹은 낙심한 자들을 찾아가 말씀으로 위로하고 격려함을 의미한다.

2) 물적 봉사권 : 물질로 가난한 자들을 구제하며 자비를 베푸는 것을 의미한다.

● 교회의 존재 목적이 무엇인가?
- 복음전파(전도, 선교)이다 (1)

1. 교회는 복음을 전파하는 곳이다.

1) 교회는 비신자의 구원을 위해 존재한다. 하나님께서는 교회에게 복음전파의 사명을 주셨다(마 28:19-20). 죄인을 구원하는 것은 하나님의 소원이자 그분의 명령이다.

2) 복음전파란 교회 밖에 있는 사람들을 예수님을 믿는 믿음으로 이끌고 교회의 회원이 되게 하는 것을 말한다. 복음전파의 당위성은 창세기에 기록된 인간과 하나님과의 교제로부터 시작된다. 하나님은 죄로 인해 잃어버린 사람들을 다시 찾기를 원하신다. 그리고 잃어버린 사람을 찾기 위해 교회를 세우셨다(롬 10:14-15).

3) 전도는 긴급성이 전제된 예수님의 명령이다. 예수를 믿지 않으면 지옥에 간다는 것은 우리가 타협할 수 없는 진리이다. 예수 그리스도 외에는 어떤 구주도 없다(행 4:12). 그런데 지옥에 가거나 가지 않는 것은 오직 이 땅에 살아 있을 때에 판가름 난다. 아직도 이 땅의 70%의 (약 30억 이상) 사람들이 예수를 믿고 있지 않다.

2. 왜 전도해야 하는가?

1) 구원받은 기쁨 때문이다.

2) 사람들이 지옥에 가는 것을 막아야 하는 책임감(눅 16:19-31) 때문이다.

3) 예수님을 사랑한다는 증거(요 14:15)이기 때문이다.

4) 예수님의 명령(막 16:15)이기 때문이다.

5) 상급을 받기 위해서(단 12:3)이다.

3. 누구에게 전도해야 하는가?

1) 거듭나지 못한 자들

2) 질병에 걸린 자들

3) 외롭고 소외된 자들

4) 참 만족과 기쁨이 없는 자들

4. 예수님이 오신 목적

비록 전도에 대한 은사(열정)가 없다 하더라도 그리스도인이라면 전도에 대해 억지로라도 관심을 가져야 한다. 전도는 은사가 아니고 주님의 보편적 명령이다(막 16:15). 물론 전도에 관해 은사가 있는 성도가 있다(행 21:8; 엡 4:11; 딤후 4:5). 그러한 은사 소유자는 전도에 있어서 훨씬 효과적이고 열매가 많다. 그렇다고 해서 평생 예수를 믿어도 한 명의 영혼도 구원하지 못한 사람을 어떻게 봐야 하는가? 전도는 성도라면 모두 때를 얻든지 못 얻든지 항상 힘써야 할 부분(딤후 4:2)이며, 예수님이 오신 목적도 전도하기 위해서이다(막 1:38).

교회의 존재 목적이 무엇인가? - 복음전파(전도, 선교)이다 (2)

5. 무엇을 전도해야 하는가?

1) 성경의 일반적 내용을 전해야 한다.

2) 구속의 도리(그리스도)를 말해야 한다. 구속의 사실을 말하지 않는 전도는 이미 궤도를 벗어난 것이다. 초대교회는 예수님과 그의 부활을 전했다. 바른 메시아 관을 전해야 한다. 기복적인 전도는 효과가 있음에도 불구하고 바른 전도 방법이 아니다. 그러한 전도는 자칫 잘못하면 "세례받은 불신자들이 모여 있는 교회"를 만들 수 있다.

3) 하나님의 사랑과 진노를 전해야 한다.

4) 자신이 체험한 하나님을 전해야 한다. 증인은 자신의 체험을 전하는 사람들이다.

6. 어떻게 전도해야 하는가?

1) 전도에 있어서 가장 기본적인 것은 전도는 성령의 일이라는 것이다. 따라서 전도자가 먼저 성령 충만해야 하며, 성령의 역사가 있기를 기도해야 한다.

2) 이웃의 영혼을 사랑하는 마음으로(마 22:37-40, 하나님 사랑, 이웃 사랑).

오직 영혼 구원에 관심을 두어야 한다. 영혼에 대한 진실한 사랑이 있는 자들이 전도를 할 수 있다. 성령님께서는 절대로 영혼을 아무에게나 맡기시지 않는다.

3) 기회를 잘 포착해서(눅 24:13-35, 엠마오로 가는 두 제자의 상황을 이용하신 주님). 단 한 번에 교회까지 인도하려는 목적을 버려라. 전략을 잘 세워라(다양한 형식과 명분 제공).

4) 인내하면서(눅 13:6-9). 인내의 기도가 필요하다. 통계적으로 전도 성공률이 200:1이라고 한다. 사도 바울은 "해산하는 수고"(갈 4:19)라 했다.

5) 삶의 모범을 보이면서(마 5:16, "착한 행실"). 성도의 신분 자체는 이미 전도하고 있는 신분이다.

6) 주면서(눅 6:38; 행 20:35). 돕고 베풀고 주는 실제적인 행위가 필요하다(행동하는 2%).

7) 상대방을 존중하고 인정함으로. 그들의 가치관을 이해해야 한다. 과거의 실수를 거론하지 않는다.

8) 복음전도적 교회가 되어야 한다. 복음전도적 교회란 온 교회가 열정적으로 복음전도에 헌신하여 새로운 성도 보기를 열망하는 교회이다.

교회를 보호하는 방법이 무엇인가? (1)

1. 서로의 차이를 공유한다.

1) 믿는 사람들로서 우리는 한 분 주님, 한 아버지, 한 성령, 한 몸, 한 목적, 한 소망, 한 믿음, 한 세례, 한 사랑을 공유한다. 우리는 같은 구원, 같은 미래를 공유한다. 우리에게 다른 인격, 배경, 인종, 취향을 갖도록 하신 분이 하나님이심을 기억해야 한다.

2) 우리는 이 차이를 "참아내는" 것이 아니라 "소중히 여기고 즐겨야" 한다. 하나님은 획일성이 아닌 하나 됨을 원하신다. 우리가 인격의 됨됨이, 선호하는 것, 해석, 스타일, 혹은 방법에 초점을 맞출 때 분열한다. 하나님의 목적에 초점을 맞추어야 한다.

2. 현실적인 기대를 한다.

1) 우리는 교회 안에서 이상적인 교제와 현실의 괴리를 발견한다. 이럴 때 절망하고 현실에 안주해서는 안 된다. 그러한 불완전에도 불구하고 열정을 가지고 교회를 사랑해야 한다. 비판만 하면서 이상을 추구하는 것은 성숙하지 못한 것이다.

2) 많은 사람이 나름 타당한 이유를 갖고 교회를 떠난다. 그러나 우리는 교회도 죄인들의 모임이라는 것을 알아야 한다. 때로 다른 성

도가 우리를 실망하게 하는 것이 사실이다. 그러나 그것이 교제를 파괴하는 핑계가 될 수는 없다.

3) 우리는 지상에서 완벽한 교회를 찾을 수 없다. 만일 완벽한 교회가 있다면 불완전한 우리는 그 모임에 갈 수 없을 것이다.

3. 목사와 지도자들을 지지해 준다.

1) 히 13:17, "너희를 인도하는 자들에게 순종하고 복종하라 그들은 너희 영혼을 위하여 경성하기를 자신들이 청산할 자인 것 같이 하느니라 그들로 하여금 즐거움으로 이것을 하게 하고 근심으로 하게 하지 말라 그렇지 않으면 너희에게 유익이 없느니라"

2) 하나님께서는 양무리를 보호하기 위하여 지도자를 세우시고 돌보도록 하셨다. 완벽한 지도자는 없다. 하지만 하나님은 그들에게 하나 됨을 지킬 책임과 권위를 주셨다. 성도들은 "중재"와 "화해"를 통해 모두를 만족하게 해야 하는 매우 힘든 임무가 목사에게 주어졌음을 알고 이해해 주어야 한다.

3) 목사들은 언젠가 하나님 앞에 서서 양 떼를 얼마나 잘 돌보았는지를 회계할 것이다. 하지만 양 떼들은 그날에 지도자들에게 얼마나 순종했는지 회계할 것이다.

교회를 보호하는 방법이 무엇인가? (2)

1. 비판하기보다는 격려한다.

1) 공동체에 이바지하기보다는 한 발짝 뒤로 물러서서 섬기는 사람을 비판하기는 비교적 쉽다. 그러나 이러한 행위는 하나님의 일을 방해하는 것이다.

2) 성경은 사탄을 형제를 고소하던 자라고 부른다(욥 1:4-10; 계 12:10). 우리가 다른 사람을 함부로 판단할 때 다음과 같은 결과를 가져온다.

① 하나님과의 교제를 잃어버린다.

② 교만해지고 불안해진다.

③ 하나님의 심판을 받게 된다.

④ 교회의 일치성을 깨트린다.

2. 험담을 귀담아 듣지 않는다.

1) 잠 20:19, "두루 다니며 한담하는 자는 남의 비밀을 누설하나니 입술을 벌린 자를 사귀지 말지니라"

2) 누군가의 험담을 들어주는 것은 훔친 물건을 나누어 갖는 공범자가 되는 것이다. 험담하는 사람은 험담을 들어주는 사람에 대해서

도 또 다른 누구에겐가 역시 험담할 것이다.

3) 험담을 하는 사람에게 "저의 귀를 쓰레기통으로 취급하지 마세요. 본인과 이야기해 보셨나요?"라고 말해야 한다.

3. 비밀을 지킨다.

1) 잠 16:28, "패역한 자는 다툼을 일으키고 말쟁이는 친한 벗을 이간하느니라"

2) 누군가가 죄를 지을 때, 침묵하지 않는 것과 비밀을 지켜준다는 것은 같지 않다. 비밀을 지킨다는 것은 다른 사람들과 그것에 대해 험담하지 않는다는 말이다.

3) 하나님은 소문을 싫어하신다. 하나님은 특별히 "기도 제목"이라는 구실로 퍼지는 소문을 싫어하신다. 소문은 항상 상처를 남기고 교회를 분열시킨다. 따뜻하게 받아들여지고 신뢰가 있을 때만이 진정한 교제가 이루어진다.

교회를 보호하는 방법이 무엇인가? (3)

1. 겸손한 자세로 교회 생활을 한다.

1) 벧전 5:5, "젊은 자들아 이와 같이 장로들에게 순종하고 다 서로 겸손으로 허리를 동이라 하나님은 교만한 자를 대적하시되 겸손한 자들에게는 은혜를 주시느니라"

롬 12:16, "서로 마음을 같이하며 높은 데 마음을 두지 말고 도리어 낮은 데 처하며 스스로 지혜 있는 체 하지 말라"

2) 독선적이고 교만한 자세는 교회를 빠르게 파괴한다. 교만은 사람 사이에 벽을 쌓지만, 겸손은 다리를 놓고 관계를 부드럽게 한다. 교만은 우리가 성장하고 변화 받고 치유 받기 위해서 반드시 필요한 은혜를 막아버린다. 그렇기에 하나님은 교만한 사람을 싫어하신다.

3) 겸손한 자세를 연습해야 한다. 자신의 약점을 인정하고 다른 이의 약점에는 인내하며, 다른 이의 지적을 받아들이고, 다른 이를 세워주도록 해야 한다. 겸손이란 나를 낮게 생각하는 것이며 남을 낮게 여기는 것이다.

2. 서로가 서로에게 공손히 대한다.

1) 공손함은 서로의 차이를 존중하고 서로의 감정을 배려하는 것이며 우리를 짜증 나게 하는 사람들에 대해 인내하는 것이다. (식당 종업원의 자세)

2) 모든 교회, 모든 소그룹에는 반드시 한 명 이상의 어울리기 힘든 사람이 있다. 이들은 남을 화나게 하는 버릇이 있거나 다른 사람들과 어울리는 기술이 부족하다. 그러나 하나님께서 이런 사람들을 보내신 것은 우리 모두의 유익을 위해서이다.

3) 우리는 모두 독특한 버릇들을 가졌고, 따라서 다른 사람을 짜증 나게 하는 요소를 갖고 있다. 이러한 사실을 안다면 우리가 공손해지는 데 조금 더 익숙해질 것이다. 우리가 공손해지는 방법은 우리 자신의 과거를 돌아보는 것이다.

3. 갈등을 해결하는 하나님의 방법을 알고 실천한다.

1) 마 18:15-17, "네 형제가 죄를 범하거든 가서 너와 그 사람과만 상대하여 권고하라 만일 들으면 네가 네 형제를 얻은 것이요 만일 듣지 않거든 한두 사람을 데리고 가서 두세 증인의 입으로 말마다 확증하게 하라 만일 그들의 말도 듣지 않거든 교회에 말하고 교회의 말도 듣지 않거든 이방인과 세리와 같이 여기라"

2) 문제가 생기면 상대방에게 직접 말하기보다는 제3자에게 불평하는 것이 사람의 본성이다. 하지만 이것은 상황을 악화시킬 뿐이다.

3) "진리"와 "덕", 이 두 가지는 갈등을 직면할 때 우리의 행동기준이다.

교회를 보호하는 방법이 무엇인가? (4)

1. 문제를 정직하고 용기 있게 대면한다.

1) 갈 6:1, "형제들아 사람이 만일 무슨 범죄한 일이 드러나거든 신령한 너희는 온유한 심령으로 그러한 자를 바로잡고 너 자신을 살펴보아 너도 시험을 받을까 두려워하라"

2) 우리는 문제를 덮어버리거나 모른 척하고 싶을 때도 진실을 말할 수 있을 만큼 서로 사랑해야 한다. 많은 사람이 어떤 이야기를 해주어야 한다는 사실을 알면서도 두려워서 말을 하지 못한다. 많은 공동체가 바로 이런 이유로 와해되었다.

3) 우리는 사랑으로 진실을 말해야 한다. 사람들은 긁어 부스럼 만들지 말자고 문제를 덮어버리곤 하는데, 그렇게 되면 결국 문제는 해결되지 않고 갈등만 증폭된다.

4) 교회의 진정한 교제는 솔직함에 달려 있다. 내면에 세워진 서로 간의 장벽들을 대면하고 허물 생각이 없다면 진정한 교제는 불가능하다. 갈등이 올바로 해소될 때, 비로소 서로가 가까워진다. 교회 안의 많은 모임이 문제를 정직하게 대면하지 못함으로 인해 깨지고 있다.

5) 그러나 정직함이란 하고 싶은 말을 아무 때나 아무 곳에서나 하

는 것은 아니다. 만약 그렇다면 그것은 무례함일 뿐이다. 모든 일에는 적절한 시간과 방법이 있으며, 또한 사랑하는 가족에게 하듯 해야 한다. 딤전 5:1-2을 보라. "늙은이를 꾸짖지 말고 권하되 아버지에게 하듯 하며 젊은이에게는 형제에게 하듯 하고 늙은 여자에게는 어머니에게 하듯 하며 젊은 여자에게는 온전히 깨끗함으로 자매에게 하듯 하라."

2. 교회의 하나 됨을 위해 피차 노력해야 한다.

1) 교회의 하나 됨을 보호하는 것이 성도가 해야 할 일이다. 교회의 하나 됨이란 성경에서 천국이나 지옥에 관한 얘기보다 더 많이 언급될 만큼 중요하다. 교회의 하나 됨이 파괴되는 것은 그리스도의 몸에서 심장이 찢겨 나가는 것과 같다. 하나님께 교회보다 소중한 것은 없다. 그분은 교회를 위해 아들을 죽게 하는 가장 큰 값을 치르셨다. 우리가 하나님의 가족이라면 우리가 속한 교회의 하나 됨을 지키는 것이 의무이며 책임이다. 성경은 평안의 매는 줄로 성령의 하나 되게 하신 것을 힘써 지키라고 했다(엡 4:3).

2) 교회의 하나 됨을 위해 "서로 다름"을 인정해야 한다. "다름"을 "틀림"과 구별해야 한다. 생각하는 방법이 다르고 일하는 방법이 다르다고 해서 그가 결코 틀린 것은 아니다.

3) 사랑을 갈망하며 속할 곳을 찾고 있는 사람들이 이 땅에는 많다. 사람들은 사랑받기를 원한다. 진정으로 교회가 하나 되어 있다면 사람들은 그 교회를 찾아올 수밖에 없으며 그렇다면 그 교회는 성장하지 않을 수 없다. 교회의 하나 됨을 보호하고 증진시키는 책임을 성도들은 감당해야 한다. 그러면 하나님이 기뻐하실 것이다.

4) 교회의 하나 됨을 위해서는 헌신과 희생이 필요하다. 성령만이 교회를 하나 되게 하신다. 그런데 그 성령께서는 우리의 희생과 헌신을 사용하신다. 하나 되는 교회 공동체를 만들기 위해서는 성령의 역사와 더불어 우리의 노력이 필요하다.

●●

교회가 하나 됨은 모든 성도의 생각이 같아지는 것을 의미하지 않는다. 이렇게 모두의 생각이 같아지는 일은 결코 일어날 수 없다. 그러한 획일성은 다양성을 즐기시는 하나님, 그리고 우리 모두를 유일무이하도록 독특하게 창조하신 하나님의 의도에 맞지 않는다. 더군다나 이러한 기계적 획일성은 자칫 바벨탑을 쌓았던 구약시대 인간들의 악한 연합이 되기 쉽다.

교회가 하나 됨의 진정한 의미는 "동행"이라는 개념에서 찾을 수 있다. 이것은 같은 목적지를 향해 나아가는 동행을 의미한다. 때로 서로 생각이 달라도 같은 길 위에 서 있으며, 때로 걷는 속도가 달라도 서로 보조를 맞추어 목적지를 향해 가는 동행이 바로 교회의 하나 됨이다.

중요한 점은 동행을 위해서는 속도가 빠른 사람이 속도가 늦은 사람을 배려해야 한다는 점이다. 즉, 우월한 위치에 있는 사람이 열등한 위치의 사람에게로 다가가야 하고, 부자가 가난한 사람에게 다가가야 하고, 위에 있는 사람이 아래로 내려가야 하고, 성숙한 사람이 아직 미성숙한 사람에게로 나아가야만 한다는 것이다. 성육신적 태도가 없이는 동행은 불가능하다.

제2부 직분자는 누구인가?

● 교회에 왜 직분이 필요한가?

1. 관련성구

1) 막 13:33-37, "종들에게 권한을 주어 각각 사무를 맡기며"

2) 고전 12:7, "각 사람에게 성령을 나타내심은 유익하게 하려 하심이라"

3) 엡 4:12, "온전하게 하여 봉사의 일을 하게 하며 그리스도의 몸을 세우려 하심이라"

4) 딤전 3:15, "하나님의 집"

2. 교회를 관리하기 위해서 직분이 필요하다.

1) 교회는 "집"으로 상징된다. 집은 누군가에 의해 관리되어야만 한다. 그렇지 않으면 무너진다. 예수님께서는 교회라는 집을 지으셨다. 그러나 승천하신 후 재림 때까지 집을 비우신다. 이 기간에 주님의 우선적 관심은 "자기 집"(교회)이 건강하게 잘 유지되도록 관리되는 것이다.

2) 예수님께서는 자기 집의 관리를 위해 그의 "종들에게 권한을 주어 각각 사무를 맡기"셔서 "자기 집"을 관리하도록 하셨다.

3. 교회의 질서를 위해서 직분이 필요하다.

1) 하나님의 집인 교회가 질서 속에 유지될 필요가 있다. 하나님께서는 무질서의 하나님이 아니시기 때문이다(고전 14:33).

2) 성경에 교회는 "다스림"이 전제된 기관으로 나타난다(롬 12:8; 13:3; 고전 12:28; 딤전 3:12). 교회가 자격을 갖춘 누군가에 의해 질서 속에서 잘 다스려져야 한다. 이 다스림을 위해 직분이 필요하다.

4. 교회의 덕을 세우고 세상의 유익을 위해서 직분이 필요하다.

1) 교회는 세상에서 "산 위에 있는 동네"(마 5:14)의 역할을 감당해야 한다. 이 역할을 감당하는 것은 다름 아닌 세상에서 "착한 행실"(마 5:16)을 통해 덕을 세우고(롬 15:2; 고전 14:12; 살전 5:11), 세상을 유익하게 하는 것이다(고전 10:24; 10:33).

2) 교회 안팎에서 덕을 세우고 세상을 유익을 끼치기 위해서 이를 주도하고 가르치기 위한 직분이 교회에 필요하다.

직분(은사)은 누가 주시는가?

1. 관련성구

1) 출 3:4, "하나님이 떨기나무 가운데서 그를 불러 이르시되 모세야 모세야"

2) 마 10:1, "예수께서 그의 열두 제자를 부르사 더러운 귀신을 쫓아내며"

3) 요 15:16, "너희가 나를 택한 것이 아니요 내가 너희를 택하여 세웠나니"

4) 롬 12:3, "오직 하나님께서 각 사람에게 나누어 주신"

5) 고전 12:8, "성령으로 말미암아"

6) 고전 12:11, "한 성령이 행하사"

7) 고전 12:28, "하나님이 교회 중에 몇을 세우셨으니"

8) 엡 4:11, "그가 어떤 사람은 사도로, 어떤 사람은 선지자로"

2. 하나님께서 교회를 위해 여러 직분을 주신다.

1) 하나님께서는 오직 자기 뜻대로 직분을 주신다. 그렇기에 모든 직분의 권위는 하나님께 있다.

2) 어떤 권세는 성도 전체에게 주셨지만 특별한 권세를 교회의 직원

들에게 주셨다(마 16:18-19; 고전 12:5; 엡 4:11-12). 직분자들은 그 임무를 수행하기 위해 예수님으로부터 추가적인 권위를 받았다.

3) 직분을 활용하는 교회나 직분을 받아들이는 직분자나 모든 직분의 권위가 하나님께로부터 주어진다는 사실을 잘 알고 있어야 한다.

3. 하나님께서 직분을 주시지만, 그 주시는 방법에 있어서 인간의 제도를 사용하신다.

1) 하나님께서는 선출과 안수, 그리고 지명과 임명 같은 방법을 사용하신다는 것이다. 그렇기에 직분을 담임 목사나 혹은 당회가 주는 것으로 오해하는 사람들이 더러 있다. 교회의 회원들이 직분자를 선택했으나, 직분자의 권위는 회원들에 의하여 주어진 것이 아니다.

2) 직분은 오직 하나님께서 스스로 영광 받으시기 위해 교회에 주신다.

하나님께서는 어떤 기준에 의해 직분을 주시는가?

1. 관련성구

1) 롬 12:3, "믿음의 분량대로"

2) 롬 12:6, "우리에게 주신 은혜대로"

3) 고전 12:11, "그의 뜻대로 각 사람에게 나누어 주시는 것이니라"

4) 고전 12:18, "하나님이 그 원하시는 대로"

2. 하나님께서는 오직 당신의 뜻에 따라 특정인을 선택하셔서 그에게 합당한 직분을 주신다.

3. 하나님께서는 모두에게 같은 직분을 주지 않으시고, 또한 한 사람에게 모든 직분을 주시지도 않으신다.

1) 각자의 은사에 따라 직분을 나누어 주신다.

2) "하나님께서는 한꺼번에 모든 것을 가져가지도, 한꺼번에 모든 것을 주시지도 않으신다"라는 말이 있는데, 이 말은 직분을 주심에 있어서도 적용된다.

하나님께서 직분을 주시는 목적이 무엇인가?

1. 관련성구

1) 요 15:16, "열매를 맺게 하고 또 너희 열매가 항상 있게 하여"

2) 고전 12:7, "유익하게 하려 하심이라"

3) 엡 4:12, "온전하게 하여 봉사의 일을 하게 하며"

4) 엡 4:13, "그리스도의 장성한 분량이 충만한 데까지"

5) 엡 4:15, "범사에 그에게까지 자랄지라"

6) 엡 4:16, "그 몸을 자라게 하며"

2. "그리스도의 몸", 즉 교회를 세우기 위함이다.

1) 하나님께서 직분을 주시는 목적과 교회에 직분이 필요한 이유가 같다.

2) 모든 직분자는 "교회를 세운다"는 의미가 무엇인가를 알고 있어야만 한다.

3) 만약 어떤 이의 직분 수행이 결과적으로 교회를 세우는 데 도움이 되지 않는다면, 즉 교회에 득이 되지 않고 덕이 세워지지 않는다면, 혹은 교회의 평화가 깨지는 결과를 가져왔다면 그 직분은 이미 주어진 목적을 이루어내지 못한 것이라 하겠다. 실제로 직분을

수행하다가, 즉 교회 일을 하다가 교회가 어려움에 부닥치고 사람들이 상처받는 일이 비일비재하다.

4) 직분을 가진 자들은 하나님께서 직분을 주신 목적이 교회를 세워 가는 것임을 기억하여 직분으로 인해 교회가 오히려 허물어지는 일이 없도록 해야 할 것이다.

3. 일을 위임하기 위함이다.

1) 직분은 직분자의 인간적 명예를 위해 주신 것이 아니다. 더더군다나 직분자의 세속적 권력과는 전혀 상관이 없다.

2) 현실 교회에서 직분이 명예와 권력으로 인식되고, 실제로 어떤 직분자는 자신에게 주어진 직분의 힘을 독단적으로 사용하기도 하는데, 이는 매우 바람직하지 못하다.

3) 직분은 단지 일을 위임하기 위해 주어진다. 열매를 맺게 하려고, 섬기게 하려고, 종노릇하게 하려고, 일하게 하려고 직분이 주어졌다.

직분(은사)의 종류에는 무엇이 있는가?

1. 관련성구

1) 행 15:6, "사도와 장로들이"

2) 엡 4:11, "사도로… 선지자로… 복음 전하는 자로… 목사와 교사로"

3) 빌 1:1, "빌립보에 사는 모든 성도와 또한 감독들과 집사들에게 편지하노니"

4) 딤전 3:13, "집사의 직분을"

2. 성경에 나타난 직분(직원)

1) 특별직원(Extraordinary Officers) : 사도, 선지자, 전도자

2) 보통직원(Ordinary Officers) : 장로, 교사, 집사

3. 일반적으로 오늘날 교회 안의 직분(장로교를 중심으로)

1) 항존 직원

① 목사

② 장로

③ 집사

2) 임시 직원

① 전도사

② 전도인

③ 권사

④ 서리집사

3) 준 직원

① 강도사

② 목사후보생

4. 교회 직분의 분류와 종류, 그리고 그 역할에 관해서 각 교단과 신학에 따라 많은 이론이 있다.

● **다양한 교회 정치 형태**

1. 무교회주의 정치 형태
2. 에라스티안파(Thomas Erastus) 정치 형태
3. 감독 정치 형태
4. 교황 정치 형태
5. 회중 정치 형태
6. 장로 정치 형태

● 직분자의 교회 생활은 어떠해야 하는가?

1. 관련성구

1) 고전 4:2, "맡은 자들에게 구할 것은 충성이니라"

2) 엡 4:2, "모든 겸손과 온유로 하고 오래 참음으로 사랑 가운데서 서로 용납하고"

3) 엡 5:2, "희생 제물"

4) 롬 1:5, "순종"(고전 16:16; 히 13:17)

2. 직분자의 교회 생활을 좌우하는 요인에는 다음과 같은 것들이 있다.

1) 개인적인 환경

2) 기분과 감정

3) 본인의 신앙 기준

4) 개인의 명예, 이득, 야망

5) 다른 교인들의 시각과 기대

6) 목사(지도자)의 기대

7) 은사와 사명

3. 교회 생활에서 직분자의 사명

직분자의 교회 생활은 위에 열거한 어느 한 가지 요인에 의하지만은 않는다. 모든 종류의 요인이 직분자의 교회 생활에 영향을 줄 것이다. 다만 "은사와 사명" 외의 다른 요인들은 직분자의 교회 생활의 참된 동기가 아님을 기억할 필요가 있다.

1) 직분자는 오직 "사명과 은사"라는 이유와 동기로 교회 생활을 감당해야 한다. 하지만, 연약한 인간으로서 다른 어떤 동기에 의해 영향을 받는 교회 생활을 하는 경우가 흔하다.

2) 직분의 수행은 자신의 환경과 감정, 그리고 그 어떤 사적인 동기를 초월할 것을 요구한다. 누군가와 감정이 나빠졌어도 그와 더불어 일해야 하는 사람이 직분자이다. 누군가는 그것이 위선이 아니냐고 말하겠지만, 그러나 분명한 사실은 "위선"과 "직분에 대한 책임"은 다르다는 것이다. 목사가 토요일에 부부 싸움을 했다고 하여 주일 설교를 안 할 수는 없다.

3) 직분자는 자기 십자가와 더불어 교회 생활을 해야만 한다(마 16:24). 누구에게나 자기가 감당해야 하는 십자가가 있다. 기질(성격)의 십자가, 가정(배우자, 자녀)이라는 십자가, 경제적 십자가 등 다양한 십자가를 지고 있다. 직분자는 자신의 십자가를 핑계할 수 없다. 그 십자가를 짊어진 채 묵묵히 사명을 감당해야 한다.

● 직분자의 핵심적 의무는 무엇인가?

1. 교회의 정규 예배에 열심히 참석해야 한다.

1) 관련성구

① 행 2:46, "날마다 마음을 같이하여 성전에 모이기를 힘쓰고"

② 요 4:23-24, "아버지께서는 자기에게 이렇게 예배하는 자들을 찾으시느니라"

③ 히 10:25, "오직 권하여 그날이 가까움을 볼수록 더욱 그리하자"

2) 하나님께서는 거룩한 예배를 기뻐하신다. 하나님께서는 예배하는 자들을 찾으신다. 예배는 살아 계신 하나님의 임재를 그가 창조한 만물 안에서 느끼고, 내 죄로 인하여 고난을 겪으신 그의 아들 예수 그리스도의 은혜를 힘입어, 성령의 감동하심에 따라 믿음으로 자신을 바치는 찬양과 감사와 간구와 헌신의 표현이다.

3) 직분자는 서로 간에 자주, 그리고 정기적으로 만나야 한다. 깊은 관계를 맺기까지는 시간이 필요하다. 깊은 교제를 위해 우리는 많은 시간을 함께해야 한다. 초대교회는 예배하는 공동체였다(행 2:46). 때문에, 초대교회 성도들은 매일 만났다. 직분자는 교회의 정기 혹은 부정기 모임에 우선순위를 두고 참여해야 한다.

4) 직분자는 모든 종류의 예배에 참석해야 한다. 예배의 자리에 앉

아 있는 것보다 귀한 충성은 없다. 있어야 할 자리에 빠지지 않고 있어 주는 직분자는 참으로 목회자에게 힘을 주고 하나님의 마음을 시원하게 한다.

5) 예배의 종류가 다양하다. 새벽 기도회(행 5:21), 주일 예배(행 20:7; 고전 16:2), 수요 예배, 금요 예배, 가정 예배 등 기타 어떤 특별한 목적의 예배가 있다. 목회자의 심방 시 가정 예배를 정성스럽게 드려야 한다.

2. 신앙 규범을 준수해야 한다.

1) 관련성구

① 행 2:42, "그들이 사도의 가르침을 받아"

② 고후 10:13, "그 범위의 한계"

③ 딤전 4:16, "가르침을 살펴"

④ 딛 1:9, "가르침을 그대로 지켜야 하리니"

2) 직분자는 교회가 제시하는 교리를 믿고 따라야 하며, 성찬에 참여하고 교회 공동생활 규범을 준수해야 한다. 오늘날 신학적 정보가 난립하고 있으며 또한 쉽게 접할 수 있다. 이는 긍정적 요소가 있음에도 불구하고 매우 위험할 수 있다. 인본주의와 휴머니즘에 기초한 유사 복음이 자리를 잡을 수 있기 때문이다. 따라서 직분자는 자신의 교회가 제시하는 신학적 관점을 따라야 할 의무가 있다.

3) 직분자는 담임 목회자의 목회철학을 비롯하여 교회가 향하는 방향과 교회가 추구하는 원칙을 충실하게 동의하고 따라주어야 한다. 모든 일을 다 할 수 있는 교회, 모든 성도의 뜻을 수용하여 사역할 수 있는 교회는 이 땅에 없다. 결국은 선택과 집중이 필요하

다. 즉, 교회의 색깔을 정해야 한다는 말이다. 이 선택에 있어서 담임 목회자의 역할은 과히 결정적이다. 결국, 하나님으로부터 그 교회의 최종적 권위를 위임받은 목회자의 목회 방향을 직분자는 인정하고 순종해주는 것이 합당하다. 물론, 이러한 선택을 하는 목회자가 하나님 앞에서 처절하게 몸부림치면서 말씀의 지배를 먼저 받아야 함은 당연하다.

●●

가장 나쁜 악평을 받아야 할 지도자가 있다면 그것은 지도자의 직위에서 물러났을 때 그 지도자가 이끌고 왔던 조직을 파멸 상태에 놓이게 하는 사람이다. 그것은 소위 지도자라고 하는 사람이 조직을 완전히 고목으로 만들었기 때문이라고 해도 과언이 아니다. 그런 사람은 조직을 효과적으로 운영한 운전기사일지는 몰라도 비전을 보여주지는 못한 것이다.

(Peter F. Drucker, 『비영리단체의 경영』, 64쪽 참조.)

● 직분자의 주일성수는 어떠해야 하는가?

1. 관련성구

1) 출 20:8, "안식일을 기억하여 거룩하게 지키라"

2) 마 28:1, "안식 후 첫 날"(막 16:2; 16:9; 요 20:1; 20:19)

3) 행 20:7, "그 주간 첫날에 우리가 떡을 떼려 하여 모였더니"

4) 고전 16:2, "매주 첫날에 너희 각 사람이"

2. 주일성수란 무엇인가?

1) 주일의 배경이 되는 구약의 안식일은 주일성수의 원칙을 제공한다.

2) 주일은 내게 주신 모든 시간을 대표한다.

3) 직분자는 주일을 성수 해야만 한다. 전통적으로 한국교회는 주일 예배에 빠질 수 있는 단 한 가지 이유는 오직 여성에게 있어서 출산의 때뿐이라고 가르쳤다.

4) 주일성수의 중요한 요소는 주일 예배에 참석해야 한다는 것이며, 소속한 교회의 예배에 참석하는 것을 원칙으로 하되, 피치 못하면 머무는 그 지역의 교회에 참석하여 주일 예배를 드려야 한다.

3. 주일에는 경제적 이득을 위한 노동을 피하는 날이다.

주일에 생업을 위해서 자발적으로 일하는 것이나, 물건을 사고파는 것이나, 결혼식을 비롯한 각종 잔치를 삼가야 한다(느 13:15-17). 주일은 생존을 하나님께 의존한다는, 인간의 불안과 욕심을 통제한다는 사실을 보여 주는 날이다.

4. 주일에 삼가야 할 것들

오락을 삼가야 하고(사 58:13), 출장, 여행 등도 금해야 하며, 피치 못할 사정으로 인해 출장이나 여행 중이라고 하더라도 그 날이 주일임을 기억해야만 한다.

5. 주일에는 부득이한 일 외에는 가족과 더불어 휴식을 취하는 날이다.

육신의 쉼을 주는 것이다. 쉼이 없는 삶은 벌 받은 삶이다. 주일은 하나님이 복 주신 날이므로 주일을 지키면 건강해지고 복받는다.

6. 주일을 귀중히 여겨 하나님께 드리지 못한 가정은 자녀들에게 바른 신앙을 전수할 수 없다.

자녀들의 각종 시험, 대회, 특별활동 등에 참석한다는 이유로 주일성수를 상황에 맞추어 준수하는 모습을 그 자녀들에게 보여서는 안 된다. 거기서부터 자녀에 대한 신앙교육이 무너져버린다. 주일은 오직 주님께 예배드리며 주님을 기쁘시게 하는데 드려야 하며 성도의 가정은 매우 엄격하게 주일을 지켜야 한다. 각 가정이 주일성수만은 율법적으로 지키는 것이 바람직하다.

직분자의 헌금 생활은 어떠해야 하는가?

1. 헌금해야 할 이유는 무엇인가?

1) 모든 은혜를 거저 받았기 때문이다(출 34:7; 시 103:3; 116:12; 사 33:24; 마 9:2). 하나님 앞에서 주일성수가 나의 총체적인 시간을 대표하듯이 헌금은 나의 소유 전체를 대표한다.

2) 하나님의 명령이기 때문이다(레 27:30; 잠 3:9; 말 3:10).

3) 하늘에 보물을 쌓아두는 것이기 때문이다. 이는 곧 헌금이 우리의 믿음을 고백하는 (우리의 마음이 하늘나라에 집중되어있는, "네 보물이 있는 그곳에는 네 마음도 있느니라") 많은 방법의 하나이기 때문이다.

4) 참된 예배를 드리는 방법이기 때문이다. 헌금이 예배의 전 과정 중에서 우리의 마음을 가장 잘 사로잡는 형식이기에 하나님께서는 빈손으로 나오지 말라고 명령하고 있다(출 23:15; 34:20). 물질을 드리는 것은 하나님을 진정으로 예배하는 마음을 갖는 가장 쉬운 방법이다.

2. 헌금의 자세는 어떠해야 하는가?

1) 헌금은 마음으로 드려야 한다. 하나님의 관심은 보물에 있지 않고 보물을 간직하고 있는 사람이며, 그 사람이 보물을 두는 위치

이다. 한 사람의 보물이 어디에 있느냐 하는 것은 그 사람이 어떤 사람이냐를 결정한다.

2) 마음으로 드리는 헌금은

① 감사함으로

② 자발적으로

③ 즐거움으로

④ 풍부하게 (아낌없이)

⑤ 은밀하게 (순전한 마음으로, 대가를 바라지 않고)

⑥ 규칙적으로 드리는 헌금이다.

3. 얼마나 많이 헌금해야 하나? (헌금의 양)

1) 헌금은 자신의 능력에 맞게 힘닿는 대로 드려야 한다(고후 8:11-12).

2) 하나님께서는 우리가 소유하고 있는 것의 전부를 기꺼이 드릴 마음 자세를 기대하신다. 그러나 실제로 드려지는 것은 우리가 가지고 있는 능력대로 드려지는 것을 원하신다. (구약 시대 제물은 비싼 소부터 시작하여 값싼 참새, 밀가루 한 줌까지 형편에 따라 다양했다. 그러나 빈손으로 나오는 것은 허용되지 않았다.)

3) 힘닿는 대로 드리는 헌금은 자기가 가진 재산의 정도에 따라, 하나님의 영광을 위하여 스스로 기꺼이 포기할 수 있을 정도로 드리는 것이다. "주님 어떻게 하여야 제가 제 욕심과 쾌락을 끊고 주님께서 현재까지 제게 주신 것에서 더 많은 것을 주님께 드릴 수 있겠습니까?"란 기도가 참된 헌금의 자세이다.

4. 복이 되지 못하는 헌금은 어떤 헌금인가?

1) 사람에게 보이기 위한 헌금은 복이 되지 않는다. 아나니아 부부의 헌금은 하나님을 속이려 한 헌금이기에 오히려 죽음을 가져왔다.
2) 인색한 헌금은 복이 되지 않는다. 무성의하게 드리거나 억지로 드리는 헌금은 복이 되지 않는다(말 1:6-10).
3) 평소에 하나님의 뜻에 따라 살지 않으면서 헌금만 바치는 것은 복이 되지 않는다(암 5:21-24).

5. 헌금의 종류

헌금의 종류에는 주일헌금, 감사하는 마음으로 바치는 감사헌금, 자기 수입의 십분의 일을 바치는 십일조헌금, 구제하는 일을 위하여 바치는 구제헌금, 그리고 특별 목적헌금 등이 있다.

6. 유념할 사항

1) 교회는 주님이 선택하신 기구이다. 따라서 헌금은 교회와 관련될 때만이 헌금이다. 유사 교회 혹은 자선단체 등에 대한 개인적인 후원을 헌금이라고 말할 수 없다. 헌금의 집행은 교회만이 할 수 있는 권한이다.
2) 교회에서 진행되고 있는 일들이 만족스럽지 않다는 이유로, 그리고 하나님의 돈 일부분이 잘못 사용되고 있다는 이유로 그것에 반발하고 압력을 행사하는 수단으로 헌금하는 것을 유예하는 행위나, 다른 교회나 단체를 지원하는 행위는 정당화될 수 없다. 어떤 이유로든 하나님께 드리는 헌금을 자신이 직접 집행하는 것은 그 정당성을 인정받기 어렵다. 말 3:10과 눅 21:1-4을 보라. 말라기

시대나 예수님 시대에 성전(교회)은 제 기능을 하지 못하고 있었다. 그럼에도 불구하고 선지자나 예수님은 그 성전에 헌금하는 것을 정당하게 보셨다.

3) 헌금은 특별한 이유가 없는 한, 소속된 교회에 드려야 한다. 소속 교회가 아닌 곳에 헌금해야만 할 특별한 이유가 발생했을 시 목회자와 상의를 거치는 것이 바람직하다.

4) 교회가 신실하지 못하고 교회의 지도자들이 정녕 하나님의 헌금을 오용하고 있으면, 자신의 헌금을 스스로 집행하기보다는 신실한 교회를 찾거나, 새로운 교회를 출발시키는 것이 더 성경적이다. 그러나 교회가 신실함을 추구하고 있으며, 하나님의 뜻을 행하려고 노력하고 있을 때는 그 교회에 헌금해야 한다.

● 교회(목사)가 헌금에 관하여 가르쳐야 되는가?

1. 헌금 설교의 회피 이유

오늘날 교회라는 조직 자체가, 그리고 성도들의 삶 자체가 돈과 뗄 수 없는 관계에 있다. 그럼에도 불구하고 많은 목사들이(미국 목사의 90%) 돈(헌금)에 대해 설교를 회피하고 있다. 그 이유가 무엇인가?

1) 교인들을 두려워하기 때문이다.

2) 헌금(돈)을 이야기하지 않아야 만이 깨끗하고 영적인 목사라는 잘못된 생각 때문이다.

3) 혹시라도 성도들로부터 받을 가능성이 있는 오해를 피하기 위해서이다.

4) 목사 자신이 헌금 생활을 하지 않기 때문이다.

2. 왜 목사는 헌금에 대하여 가르쳐야만 하는가?

1) 모든 그리스도의 제자들은 가르침과 안내가 필요하기 때문이다.

2) 목사 자신보다는 성경에 집중해야 하기 때문이다.

3) 성도들을 위하고 사랑하기 때문이다.

4) 하나님 나라의 확장을 위해 필요하기 때문이다.

직분자는 주어진 시간을 어떻게 관리해야 하는가?

1. 관련성구

1) 창 47:9, "나그네 길의 연조"

2) 시 90:12, "우리 날 계수함을 가르치사"

3) 전 12:1, "청년의 때에 너의 창조주를 기억하라"

4) 엡 5:16, "세월을 아끼라"(골 4:5)

2. 하나님께서는 시간을 선물로 주셨다.

이 주어진 제한된 시간에 우리는 직분자로서의 삶을 살아야 한다. 우리에게 주어진 시간을 이용하여 거룩하고 경건한 일을 도모해야 한다. 모든 시간을 "하나님을 위하여" 사용해야 한다.

3. 시간을 소중하게 선용해야만 한다.

시간이 무제한 주어지지 않았다는 사실에 대한 자각이 필요하다. 시간을 선용한다는 것은 결코 쉬운 일이 아니다. 시간을 다른 이들보다 자유로이 사용할 수 있는 사람은 그만큼 하나님을 섬기도록 구별된 사람이다. 노예와 비교하면 주인은 자기들의 시간을 원하는 대로 사용할 수 있다. 그러나 그 자유가 자기 원하는 대로 쓰도록 허락된 것이 아니다. 시간의 활용이 자유스러운 사람일수록 전적으로 하나님을 위하여 시간을 사용해야 할 더 큰 의무가 있다.

4. 성경적이고 확실한 우선순위와 진정한 가치들에 대한 소신이 있어야 한다.

그래서 어디에 자신의 시간을 사용할 것인가를 결정해야 한다(고전 7:29-31; 엡 5:15-16). 그것이 세월을 아끼는 것이다. "세월을 아끼라"는 성경 말씀은 문자적으로 "시간을 (돈을 주고) 사라"는 의미가 포함되어 있다.

5. 부지런해야만 한다.

특별히 주어진 시간을 기도하는 일과 진리를 탐구하는 일과 하나님의 일을 하는 것, 말씀을 전하는 일에 부지런히 사용해야만 한다(롬 12:11, "부지런하여 게으르지 말고 열심을 품고 주를 섬기라").

직분자는 주어진 재물(부와 돈)을 어떻게 관리해야 하는가?

1. 관련성구

1) 시 24:1, "다 여호와의 것이로다"

2) 시 62:10, "재물이 늘어도 거기에 마음을 두지 말지어다"(전 6:2)

3) 렘 49:4, "재물을 의뢰하여 말하기를"(겔 28:4-5)

4) 딤전 6:17, "정함이 없는 재물에 소망을 두지 말고"(고전 7:31)

5) 요일 3:17, "형제의 궁핍함을 보고도"

2. 재물은 모두 하나님의 것이다.

다만 우리에게 선물로 주신 것이며 맡겨놓은 것이다. 돈은 하나님의 자리를 차지할 수 있는 유일한 도구이다(눅 16:13). 예수님이 우리의 주인이 되실 때는 돈이 우리를 섬기지만, 돈이 우리의 주인이 될 때는 우리가 돈의 노예가 된다. 직분자의 교회 생활에 있어서 큰 장애물이 아마도 돈일 것이다. 사역(섬김)을 위해 사는 것과 돈을 벌기 위해 사는 것은 언제나 서로 부딪히기 때문이다. 돈 벌고 난 후에 하나님을 섬기겠다고 하는 것은 평생을 후회할 어리석은 결정이다.

3. 부정한 방법(하나님의 방법이 아닌 방법으로 하나님의 것을 취하는 방법)으로 재물을 모으려 하지 말아야 한다.

그렇게 해서 벌어들였다 하더라도 본인이 쓰거나 누리는 것이 아니다.

4. 재물 사용에 있어서 선한 청지기가 되어야 한다.

우리에게 주어진 재물을 언제나 신앙적이고 윤리적으로 사용해야 한다. 돈과 우리 삶과는 아주 밀접한 관계가 있기에, 돈을 사용하는 모습을 통해 삶의 질을 알 수 있다. 돈을 신중하고 신앙적으로 사용하지 않을 때, 우리의 마음은 부패하고, 가련하고, 인간적 정욕으로 채워진다. (신앙이 성장하지 않는다면, 아마도 틀림없이 돈을 잘못 사용하고 있을 것이다.)

5. 하나님께 영광을 돌리는 도구

세상에는 가치 중립적인 (아디아포라, αδιαφολα) 것들이 있어서 인간이 어떻게 사용하는가에 따라 죄악의 도구가 될 수 있고 하나님께 영광을 돌리는 도구도 될 수 있다. 돈이 그 대표적인 아디아포라이다. 분별함과 경건의 원리를 갖고 돈을 사용하고 규제해야 한다. 돈을 잘 사용하면 그리스도인의 삶에 속한 모든 것을 온전하게 하는 데 큰 유익을 가져다준다.

6. 마 25:31-46의 양과 염소의 비유를 통해 교훈을 받아라.

만일 사람들에게 먹을 것을 줄 능력을 소유하고 있다면, 그만큼 먹을 것을 제공해야 하는 의무를 가진 것이다. 어쩌다 한번 구제하는 것으로 그 의무를 다했다고 할 수 없다. 능력이 없는 사람도 한 번쯤은 구제에 동참하기 때문이다. 할 수 있는 한 자신에게 주어진 돈을 사용하여 선행을 계속해야 한다.

7. 재물에 대한 몫 가르기가 분명해야 한다.

1) 하나님의 몫이 있다. 재물은 하나님을 섬기는 도구이다(잠 3:9).

2) 이웃의 몫이 있다. 재물은 이웃을 돕는 도구이다. 재물을 서로 통용한 초대교회 성도들(행 4:32)의 삶은 재물 사용의 원칙을 제공한다(잠 11:24-25; 요일 3:17).

3) 자신의 몫이 있다.

●●

헌금은 성경에 명확하게 나타난 교인들의 의무이다. 교회개척자는 이 의무를 담대하게 교인들에게 주지시켜야 한다. 혹자들은 교인들이 은혜받으면 헌금하기 때문에 헌금에 대해서는 직접적으로 언급하지 않는다고 한다. 또한 혹자들은 헌금에 대해 말하지 않는 것이 마치 깨끗하고 청렴한 목사인 것처럼 여기고 있다. 물론 이러한 생각들이 자리 잡게 된 데에는 그동안 헌금이라는 주제가 오용되었기 때문임은 분명하다. 그럼에도 불구하고 어느 목사라 하더라도 그가 성경에 명확하게 명시된 헌금이란 주제를 그의 가르침에서 제외시킬 권한은 없다. 헌금에 관하여 가르치지 않는다면 교인들은 어떻게 헌금할지를 알지 못할 것이다. 헌금에 관하여 가르치지 않는 교회가 재정 자립으로 가기란 쉽지 않다. 따라서 교회개척자는 초기부터 헌금에 관한 설교나 가르침을 두려워해서는 안 된다.
(양현표, 『사도적 교회개척』, 199쪽 참조.)

직분자의 경건 생활은 어떠해야 하는가?

1. 관련성구

1) 행 10:2, "그가 경건하여 온 집안과 더불어 하나님을 경외하며"

2) 약 1:22, "너희는 말씀을 행하는 자가 되고"

3) 약 1:26, "자기 혀를 재갈 물리지 아니하고 자기 마음을 속이면"

2. 경건한 삶이란 무엇인가?

1) 믿는 도리대로 행하고 세속에 물들지 않는 삶이다(약 1:22; 1:26-27).

2) 하나님을 경외하고 백성을 구제하고 늘 기도하는 삶이다(행 10:2).

3) 하나님의 뜻대로 행하는 삶이다(요 9:31). 경건한 삶은 하나님께 바쳐진 삶이다. 더 이상 자기 뜻이나 자기의 방식, 혹은 세상 정신을 따라 사는 삶이 아니라 오직 하나님의 뜻을 따라 사는 삶이다.

3. 직분자가 경건의 삶을 살아야 할 이유

1) 구원받은 백성, 즉 성도이기 때문이다. 성도는 하나님께 난 자들이다(요 1:12-13). 성도는 하나님의 성전이다(고전 3:16-17). 성도는 선한 일을 위해 지음 받은 존재이다(엡 2:10). 성도는 하나님을 본받는 자이다(엡 5:1).

2) 하나님의 명령이기 때문이다. 경건의 삶은 하나님의 백성과 세상 백성을 구별하게 한다. 경건을 연단하라(딤전 4:7). 경건에 관한 교훈을 따르라(딤전 6:3). 경건을 따르라(딤전 6:11). 경건으로 살라(딛 2:12). 경건으로 하나님을 섬기라(히 12:28).

3) 마귀(시험, 죄)와 싸워 이기기 위함이다. 사탄은 굳세지 못한 영혼과(벧후 2:14) 육체의 정욕 중에 있는 성도들을(벧후 2:18) 유혹하고 넘어뜨린다.

4) 맡은 직분을 끝까지 이루어내기 위함이다. 직분자로서의 삶에 실패하는 이유는 무엇보다도 하나님께서 수시로 주시는 은혜와 능력을 힘입지 않기 때문이다. 때로 의욕은 있으나 직분자로서의 삶을 더는 유지할 수 없을 때를 만난다. 그 이유는 직분자 안에 하나님의 은혜와 능력이 소멸되었기 때문이다. 즉 하나님과의 관계의 통로가 막혔기 때문이다. 경건이란 하나님과의 친밀한 관계 안에서 영위되는 삶의 모습을 말한다. 직분자가 이런 삶을 유지하는 동안에는 주님께서 주시는 은혜와 능력을 힘입을 수 있다. 결국, 직분자로서의 삶이 유지되고, 나아가 힘 있게 뻗어갈 수 있는 비결은 바로 경건한 삶이다.

4. 경건한 생활을 이루는 방법

1) 경건의 삶을 위해서는 경건의 삶을 위한 힘을 얻어야 한다. 그 힘은 예수님께 붙어서 영양분을 얻어야 가능하다. 영양분은 생명을 유지하게 하고, 성장하게 하며, 열매를 맺게 하는 능력이다.

2) 예수님으로부터 오는 영양분은 우리의 지(知), 정(情), 의(意)라는 뿌리를 통하여 얻어진다.

① 규칙적인 하나님 말씀 섭취(지성적 측면) (시 1:2; 마 4:4; 행 17:11-12; 딤후 3:15)

② 규칙적인 하나님과의 교제의 기도(감정적 측면) (시 5:3; 119:147; 눅 11:9-10; 행 10:2; 살전 5:17)

③ 규칙적인 교회 생활(의지적 측면)

● 세 종류의 직분자

1. 학문과 지식을 전적으로 부인하고 영성만을 주장하는 사람들

   이들은 세상의 모든 지식을 무시함으로써 스스로의 영역을 제한하는 사람들이다. 자연 이들은 하나님의 역사(役事)의 출로를 제한시킴으로 성령의 사역과 복음 전도의 길을 위축시킨다.

2. 영성을 부인하고 전적으로 지식에만 의존하는 사람들

   이들은 성령의 인도함 대신에 인간의 방법을, 기도 대신에 이론과 지식을, 묵상 대신에 연구를 함으로써 결과적으로 하나님을 사랑함 없이 일에만 몰두한다.

3. 영성과 학문을 모두 중시하는 사람들

   이들은 하나님의 일을 하는데 있어서 영성과 지식을 겸비하는 사람들이다.

(Pihilip Teng, 『주님과 교회를 위한 성경적 봉사생활 지침서』, 93쪽 참조.)

직분자의 목회자에 대한 태도는 어떠해야 하는가?

1. 관련성구

1) 고전 16:18, "나와 너희 마음을 시원하게 하였으니"

2) 살전 5:12-13, "가장 귀히 여기며 너희끼리 화목하라"

3) 살전 5:25, "형제들아 우리를 위하여 기도하라"

4) 히 13:7, "하나님의 말씀을 너희에게 일러 주고 너희를 인도하던 자들을 생각하며"

5) 히 13:17, "너희를 인도하는 자들에게 순종하고 복종하라"

2. 목회자에 대한 현실적이고 인간적인 관점을 갖는다.

1) 목회자 역시 인간이고 죄인이라는 관점을 가져야 한다. 목회자 역시 그의 인성, 습관, 그리고 사생활 영역에서 연약성과 단점이 있다. 목회자의 인간적인 한계를 인정한다. 완벽한 목회자를 찾는다면 그 사람은 이상적인 목회자를 찾고 있다 하겠다.

2) 담임 목회자는 지상교회라는 가시적 조직의 마지막 결정권자이자 최후의 책임자임을 인정한다. 또한, 목회자는 교회에 관한 전문가임을 인정한다. 일반적으로 어느 조직이든지 마지막 결정권자 혹은 가장 막중한 책임을 지는 최후의 일인이 존재한다. 그리고 그

는 그에 걸맞은 권한과 결정권을 갖고 있다. 교회도 마찬가지이다. 교회의 책임과 관련하여 최후의 일인은 담임 목회자이다. 그의 권한과 결정권, 그리고 전문성을 인정한다.

3) 담임 목회자 역시 성도들에 대한 인간적인 불만과 불평이 있다는 사실을 인정한다. 목회자 역시 성도들과 시시비비를 가리기 위해 할 말이 있다는 것이다. 다만 그 불만과 불평을 드러내지 않을 뿐이다.

3. 목회자를 존중히 여긴다.

목회자는 그리스도의 권위로 덧입혀져 있는 자이다. 존경하며 귀히 여기는 것이 직분자의 마땅한 자세이다. 목회자의 근심거리가 되지 않도록 한다(히 13:17). 목회자의 마음이 평안하도록 하는 것이 교회 전체적으로 큰 유익이 된다(고전 16:18). 목회자에게 인간적 예의를 잘 지키고, 그를 위해서 기도한다. 목회자 역시 격려와 위로가 필요한 인간임을 기억하고 격려와 위로를 아끼지 않는다. 목회자와의 관계가 원활하지 않은 자가 교회 생활이나 신앙생활이 즐거울 수 없음은 명확한 사실이다.

4. 목회자에 대해 선전한다.

목회자에 대한 눈높이를 낮추고, 목회자의 장점을 보고 그 장점을 선전한다. 담임 목회자의 사소한 장점을 덕스럽게 유포한다. 교회가 큰 무리 없이 진행된다면, 분명 그 목회자에게 무엇인가 장점이 있기 때문이다. 전도하는 방법 중에 때로 복음에 대한 설명보다도 더 강력한 방법이 담임 목회자에 대한 선전임을 기억한다.

5. 목회자가 성장하도록 도운다.

교회는 목회자의 크기만큼만 큰다. 따라서 먼저 목회자를 키우는 데 관심을 두고, 투자하며, 기회를 제공해야 한다. 목회자의 인격, 경건, 그리고 자질은 그가 목회하는 교회의 운명을 좌우한다는 사실을 깨닫고 목회자를 성장케 하는 데 적극적이어야 한다.

6. 목회자가 교회를 주도하도록 허용하고 협조한다.

목회자가 제왕적 목회를 해서는 안 되지만, 그러나 주도적 목회를 하는 것은 바람직하다. 소위 말해 목회자가 목회를 위해 날뛰도록 허용해야 한다. 목회자의 사역과 활동에 제동을 걸면 목사가 멈추는 것이 아니라 교회가 멈춘다. 목회자의 목회를 위한 협조자가 된다. 목회자가 하나님 앞에서 확정한 비전을 이루어 낼 수 있도록 최선을 다해 돕는다. 교회와 관련된 매사에 있어서 연락과 보고, 그리고 순종한다.

제3부

봉사란 어떻게 하는 것인가?

● 직분자의 봉사(헌신)란 무엇인가?

1. 관련성구

1) 요 12:26, "나를 섬기려면 나를 따르라"

2) 행 19:22, "돕는 사람"

3) 행 27:23, "내가 섬기는"

4) 롬 12:11, "열심을 품고 주를 섬기라"

5) 고전 4:2, "맡은 자들에게 구할 것은 충성이니라"

6) 고후 9:12, "봉사의 직무가 부족한 것을 보충"

7) 벧전 4:10, "각각 은사를 받은 대로… 서로 봉사하라"

2. 성경이 말하는 봉사는 일반적인 의미의 봉사와 다르다.

1) 일반적인 봉사는 박애주의에 기초한다. 그 대상을 사랑하고 그 대상을 긍휼히 여기기 때문에, 그 대상을 돕고자 하는 행위이다.

2) 그러나 성경이 말하는 직분자의 봉사는 하나님의 사랑에 대한 반응이다. 직분자가 된다는 것은 하나님의 자녀로서 큰 명예요 동시에 사명이 주어진 것이다. 따라서 직분자는 자발적이고 적극적으로 그리고 기쁨으로 봉사해야 한다.

3) 직분자의 봉사는 사명에 근거하고 주어진 은사를 활용하는 것이다.

① 하나님께서는 다른 성도를 온전케 하고 그들에게 봉사하며 그리스도의 몸인 교회를 세우기 위하여 적어도 한 가지 이상의 은사를 직분자에게 주셨다.

② 직분자는 받은 바 그 은사를 개발 활용하여 각자의 은사 영역에서 목회자가 되어야만 한다(고전 12:12-14). 직분자는 반드시 교회 내의 각 기관, 부서, 구역 등에 소속되어 최선을 다하여 은사를 활용하여 봉사해야 한다.

③ 물론, 은사가 없는 영역이라 해서 무관심해도 되는 것은 아니다. 왜냐하면, 대부분 은사는 선물이자 동시에 순종해야만 하는 명령이기 때문이다. 은사가 주어진 영역은 은사를 활용함으로, 은사가 없는 영역은 명령에 대한 순종으로 봉사해야 하는 것이 직분자의 자세이다. 직분자의 봉사는 교회의 형편에 따라 자신의 모든 은사와 재능의 영역을 초월한다.

4) 봉사는 다음 기회로 연기할 수 있는 것이 아니다. 봉사하고 싶은 감동이 올 때 자신이 부족하다고 생각하거나 부끄러워해서는 안 된다. 곧 결심하고 목회자나 멘토를 만나 당신의 심정을 밝혀라. 그렇지 않고 머뭇거리면 당신의 그 귀한 마음은 곧 사라져버려서 무익하게 될 것이다(마 13:4, "길가에 떨어지매 새들이 와서 먹어 버렸고").

3. 봉사에 관하여 직분자가 알아야만 하는 사항

1) 봉사란 평생에 이루어야 할 목표이다.

2) 봉사란 변하지 않고 자기 책임을 다하여 신뢰받는 것을 말한다.

3) 봉사란 과거의 행적과 공로가 아니라 현재에 해당하는 삶이다.

4) 봉사는 한 번에 한 걸음씩 이어진다(눅 16:10; 19:17).

5) 봉사는 주님에 대한 사랑이다. 주님에 대한 사랑이 없으면 봉사할 수 없고, 봉사하지 않는다면 주님을 사랑한다고 말할 수 없다.

● 직분자들이 쉽게 오해할 수 있는 내용

1. 직분은 명예직이다? 아니다. 직분은 교회 사업을 이루기 위해 협조하고 일해야 한다.
2. 교회가 추진하는 사업은 내 뜻대로 되어야 한다? 아니다. 사실 누구 뜻대로 해도 된다. 직분이 갖는 책임이 큰 직분자의 뜻이 반영되는 것이 합리적이다.
3. 이 일은 지금 당장 해야만 한다? 아니다. 교회 일은 사실 나중에, 혹은 안 해도 된다. (매사에 서둘지 말라.)
4. 교회는 영향력 있는 사람에 의해서 이끌어져야 한다? 아니다. 교회가 한 사람의 독주로 (그 사람이 아무리 옳아도) 이끌어지는 것은 좋지 않다.
5. 한마음은 한 의견이 되는 것이다? 아니다. 한마음은 "같은 의견이 아닐지라도" 동행하는 것이다.
6. 교회 건물이 있어야 교회이고 부흥할 수 있다? 아니다. 정말 중요한 요소는 사람이다.
7. 재정 긴축은 교회의 발전을 가져온다? 아니다. 긴축은 오히려 교회 발전을 저해할 수 있다. 교회의 존재 목적을 위해 과감한 재정 운용이 필요하다.
8. 교회가 재정이 비축되어야 평안하고 여유 있게 일할 수 있다? 아니다. 살아 있는 교회는 언제나 재정이 부족하다.

● 직분자가 봉사해야만 하는 이유는 무엇인가?

1. 관련성구

1) 고전 4:2, "맡은 자들에게 구할 것은 충성이니라"

2) 빌 1:20, "그리스도가 존귀하게 되게 하려 하나니"

3) 골 4:17, "주 안에서 받은 직분을 삼가 이루라"

4) 딤전 1:12, "나를 충성되이 여겨 내게 직분을 맡기심이니"

5) 벧전 4:10, "각각 은사를 받은 대로… 서로 봉사하라"

2. 구원을 받았기 때문이다.

성경적 봉사는 하나님께서 우리에게 봉사하셨고 지금도 하고 계시기 때문에 하는 봉사이며, 하나님이 봉사를 명령하고 있기에 순종하는 봉사이다. 봉사는 결국 예수님이 계신 현장에서 섬기는 것이다.

3. 하나님께서 봉사하도록 직분과 재능과 환경을 주셨기 때문이다.

봉사할 수 있는 능력의 원천은 하나님이시다. 봉사의 목적은 분명하다. 교회를 세우고, 사람들을 유익하게 하고 하나님께 영광을 돌리기 위함이다. 하나님은 그러한 목적을 위해 우리에게 직분을 주셨고, 우리가 받은 것을 그 목적을 위해 최대한 활용하기를 원하신다.

4. 종이기 때문이다.

"종"(둘로스, δουλος)은 신약성경에서 125회 사용되었다. "속박받는 자" 혹은 "매인 자"를 의미한다. "종"은 개인적인 자유를 소유하지 못하고, 주 예수 그리스도에게 매인 자를 의미한다. 어떤 직분자는 한 번도 "종"이 되지 않고서 평생을 교회 다닐 수도 있다.

5. 청지기이기 때문이다.

1) 직분자는 하나님의 청지기이다. 청지기라는 단어만큼 직분자의 자세와 봉사를 나타내는 단어는 성경에 없다. 성경에 기록된 청지기를 잘 살펴보면 오늘날 교회 내에서의 직분자의 역할을 잘 배울 수 있다.

2) "청지기"(오이코노모스, οἰκονόμος)는 원래 큰 집의 가사를 책임지고 돌보는 일을 맡은 종을 가리킨다. 청지기는 주인의 식탁에서 시중을 들며 다른 종들에게 지시를 내리고, 집안의 가사를 담당하는 종이다. 이 청지기 직이 발전하여 다양한 전문적인 청지기 직이 파생했다(교육, 재무, 가사…).

3) 한 마디로 청지기는 주인에게 유익(이익)을 남기기 위해 자신에게 주어진 자산과 권한을 사용하여 일(장사, 경영)하는 자이다. 즉 청지기는 주인의 대리자이며, 주인의 재산을 관리하는 자이며, 결국에 주인과 결산하는 자이다(창 24:2; 39:8).

● 직분자가 봉사할 대상은 누구(무엇)인가?

1. 관련성구

1) 고전 12:4-11, "유익하게 하려 하심이라"

2) 고후 9:12, "이 봉사의 직무가 성도들의 부족한 것을 보충할 뿐 아니라"

3) 엡 4:11-12, "그리스도의 몸을 세우려 하심이라"

4) 벧전 4:11, "하나님이 영광을 받으시게 하려 함이니"

2. 직분자가 봉사해야 하는 대상은 하나님이시다.

직분자의 봉사는 궁극적으로 하나님을 섬기는 것이다. 하나님을 직접 잘 섬기는 것이 봉사이다. 하나님을 예배하고, 하나님의 말씀에 순종하고, 하나님께 드림 등을 의미한다. 궁극적으로 모든 봉사는 하나님을 섬기는 것이다(민 18:20; 요 12:26; 고후 9:12).

3. 직분자가 봉사해야 하는 대상은 교회이다.

직분자는 주님의 몸인 교회를 섬김으로 하나님을 섬긴다(민 1:50; 눅 12:42; 빌 2:30).

4. 직분자가 봉사해야 하는 대상은 세상이다.

직분자는 세상을 섬김으로 하나님을 섬긴다. 직분자는 다른 사람을 섬김으로 하나님을 섬긴다. 세상을 섬긴다는 것은 빛과 소금의 역할을 감당하고, 그리스도인의 향기를 발하며, 그리스의 편지 역할을 감당하는 것을 의미한다(행 21:19; 롬 12:7-8; 빌 2:17).

●●

직분자들이여! 자신의 은사와 능력을 찾아내고 분석하라. 자신이 잘하는 것과 못하는 것을 구별해 보라. 그리고 자신의 마음과 성격과 기질을 주의 깊게 검토하라. 무엇을 할 때 행복하고 기쁜지, 지루하지 않고 시간이 가는 줄 모르는지를 찾아보라. 자신의 과거 경험을 점검해서 성공과 실패의 경우들을 회상해보라. 그러면 자신이 어떤 영역에, 무엇으로 하나님과 교회와 세상을 섬길 수 있을지를 찾을 수 있을 것이다. 그리고 자신에게 주어진 것을 계속해서 발전시켜라. 무엇보다 가장 중요한 것은, 직분자들이여! 지금 당신의 봉사와 삶을 용납하고 즐겨라.

● 직분자는 무엇을 사용하여 봉사해야 하는가?

1. 관련성구

1) 눅 8:3, "소유로 그들을 섬기더라"

2) 행 2:45, "또 재산과 소유를 팔아 각 사람의 필요를 따라 나눠 주며"

3) 롬 12:1, "너희 몸을… 거룩한 산 제물로 드리라"

4) 엡 5:15-16, "세월을 아끼라 때가 악하니라"

5) 엡 6:6, "마음으로 하나님의 뜻을 행하고"

2. "자신"을 바쳐서 헌신해야 한다.

1) 자신(전부)을 하나님께 바치지 않고서 교회를 봉사하고 물질을 바치는 행위는 짐이 되고 고통일 수밖에 없다. 자신을 드려서 주께 봉사하는 것은 하나님께서 가장 기뻐하시는 일이다.

2) 물질이 없어서 하나님께 헌신의 생활을 할 수 없다고 핑계하지 말고 가장 값지고 풍부한 재산인 당신 자신을 헌신하라. 교회와 이웃과 사회에는 당신 자신을 필요로 하는 곳이 많다.

3. 시간을 바쳐서 헌신해야 한다.

4. 소유를 바쳐서 헌신해야 한다.

우리가 가진 모든 것은 다 하나님의 것이다. 우리는 그것을 선하게 사용해야 할 책임이 있다.

● 봉사에 대한 보상

1. 보람된 삶. 봉사의 생활은 기쁨을 주는 보람된 삶을 가져다준다.
2. 풍성한 삶. 요 15:5에는 주와 함께 있으면 많은 열매를 얻게 된다고 했다. 봉사의 대가는 일꾼이 품을 팔아 놓은 것과 같다.
3. 마음의 평화. 수많은 봉사자들이 몸은 피곤하거나 혹은 고통 중에 있었으나 마음은 행복했다(요 14:27). "편안"과 "평안"은 같은 말이 아니다.
4. 영원한 상급. 봉사에 대한 궁극적 보상은 썩지 아니할 "승리자의 관"(고전 9:25)을 쓰는 것이며, 주님께서 모든 눈물을 씻어 주는 것이다(계 7:17).

직분자는 어떻게 봉사해야 하는가? (1)
- 충성스럽게

1. 관련성구

1) 마 24:45, "충성되고 지혜 있는 종이 되어"

2) 고전 4:2, "그리고 맡은 자들에게 구할 것은 충성이니라"

3) 딤전 3:11, "모든 일에 충성된 자라야 할지니라"

4) 딤후 2:2, "충성된 사람들에게 부탁하라"

2. 직분자의 봉사를 가장 잘 의미하는 성경적 용어는 "충성"이다.

1) 충성은 순종을 의미한다. 순종하는 습관의 직분자가 되어야 한다.

2) 의견의 차이와 순종(협조)은 구별되어야만 한다. 의견은 서로 다를 수 있다. 왜냐하면, 각자의 개성이 다르기 때문이다. 사실 교회를 위한 각자의 생각은 모두 틀리지 않을 것이다. 물론, 그것이 믿음에 근거한 것인가 아니면 그렇지 않은가(합리적인 면 강조)의 차이는 있을 수 있다.

3) 모두가 틀리지 않는다면 누구의 생각을 따라야 하는가? 질서의 하나님께서는 교회에 질서를 세우셨다. 결국은 지도자 혹은 지도자 그룹의 생각에 따라가야만 한다. 이것이 교회 생활에 있어서 순종이다. 때문에, 지도자는 당연히 고뇌의 기도가 필요하다. 지도

자나 지도자 그룹이 잘못된 결정을 계속하면 그것은 누적되어 결과로 나타난다.

3. 직분자의 충성은 믿음의 크기와 깊이 연관되어 있다.

믿음이 있어야 책임감도 커지고 충성한다. 그러나 때로 믿음이 약해진다 하더라도 직분자는 역시 충성해야 한다. 그러할 때는 단지 책임감(억지로) 때문에라도 충성해야만 한다. 직분자에게 있어서 먹고사는 문제와 충성의 문제는 같은 중요도이어야 한다. 아파도 해야만 할 일이 삶 속에 있다면, 아파도 충성해야 한다.

4. 충성이란 평생에 이루어야 할 목표이다.

충성은 끝까지 참고 견디는 일이다. 즐겁고 성공할 때뿐 아니라 낙심되고 어려울 때도 주님과 그분의 말씀에 충성해야 한다. 경주를 다 마치지 못한 어느 것도 충성이라는 자격을 얻을 수 없다.

5. 충성은 과거의 문제가 아니다.

지금까지 충성스럽지 못했다고 해도 괜찮다. 경주 내내 비틀거리거나 다리를 절며 옆으로 빠졌다고 해도 괜찮다. 자기 실수를 인정하고 회개하고 돌이키기만 하면 누구라도 용서받고 회복될 수 있다. 베드로의 실수를 보라(눅 22:60-62). 예수님은 베드로를 회복시키시고 놀라운 일을 맡기셨다(요 21:15-19, "내 어린 양을 먹이라").

직분자는 어떻게 봉사해야 하는가? (2)
- 작은 일에도 최선을 다하여

1. 관련성구

1) 눅 16:10, "지극히 작은 것에 충성된 자는 큰 것에도 충성되고"

2) 눅 19:17, "네가 지극히 작은 것에 충성하였으니"

3) 골 3:23, "무슨 일을 하든지 마음을 다하여 주께 하듯 하고 사람에게 하듯 하지 말라"

2. 작은 것(맡은 일)에 임하는 모습은 그 사람이 누구인지를 보여 준다.

직분자는 무슨 일을 하든지 최선을 다해야 한다. 일의 규모를 상관하지 않아야 한다. 하찮은 일을 하기에는 자신이 너무나 중요한 사람이라고 생각한다면 어떤 일도 할 수 없다. 왜냐하면, 모든 위대한 일은 하찮은 일들로 이루어지기 때문이다(갈 6:3).

3. 하찮은 일에 대한 자세는 그 사람이 어떤 마음을 가졌는지를 보여 준다.

직분자의 마음은 다른 사람들이 생각하지 못한 작은 행동들을 통해서 나타난다. 행 28:3에 대(大) 사도 바울이 하찮은 일이라 할 수 있는 장작불 피우는 모습을 보라. 위대한 기회들은 때때로 조그마한 일들로 위장되어 있다. 인생에서 작은 일들이 큰일을 결정한다. 하나님을 위해 크고 위대해 보이는 일만을 하려고 하지 말라. 별로 위대하지 않은 일들을 시작하면 하나님은 큰일들을 맡기실 것이다. 평범하고 일상적이며 교회의 작은 일에 봉사하도록 노력하라. 지도자가 되기 위한 경쟁은 치열하지만, 종이 될 수 있는 길은 환하게 열려 있고 많은 자리가 비어 있다.

••

교회는 그리스도교 이해에 필요한 은사와 열정을 지닌 탁월한 이들을 선택하는 것이 좋다. 비록 외적인 면에서 그리 매력적이거나 사랑스럽지 않은 사람이라 할지라도 말이다. 사람의 말과 천사의 말을 할 수 있고 온갖 신비들을 헤아릴 수 있다 할지라도, 만일 신실하지 못하거나, 주님의 일에 열심히 없는 사람보다는, 차라리 언변이나 학식은 좀 부족하더라도 그리스도의 일에 진정으로 연루된 사람을 선택하는 것이 더 낫다.

(Martin Bucer, 『영혼을 돌보는 참된 목회자』, 105쪽 참조.)

직분자는 어떻게 봉사해야 하는가? (3)
– 신뢰받도록

1. 관련성구

1) 겔 22:30, "이 땅을 위하여 성을 쌓으며 성 무너진 데를 막아서서 나로 하여금 멸하지 못하게 할 사람을 내가 그 가운데에서 찾다가 찾지 못하였으므로"

2) 고후 7:16, "너희를 신뢰하게 된 것을 기뻐하노라"

3) 빌 1:14, "주 안에서 신뢰함으로"

2. 하나님께서는 일을 맡기기 위해 신뢰(Faithful)할만한 사람을 찾고 계신다.

하나님께서는 자신의 엄청난 일을 믿고 맡길 수 있는 사람을 찾고 계신다. 하나님께서 당신 앞을 지나가시다가 당신을 보고 멈춰 서시겠는가? 아니면 지나치시겠는가? (겔 22:30, "찾다가 찾지 못하였음으로") 하나님께서 당신의 신실함을 테스트하고 계신다. 하나님의 계획까지도 바꾸게 할만한, 하나님의 행동을 멈추게 할만한 신뢰받는 직분자가 되어야 한다.

3. 신뢰받는다는 의미는 그의 봉사가 끝까지 간다는 의미이다.

1) 계획된 일이 끝날 때까지, 맡겨진 직분의 임기가 끝날 때까지, 회

기 연도의 마지막 날까지 해야 할 일을 하고, 있어야 할 자리에 있는 변함없는 그 모습을 의미한다.

2) 신실한 종은 자신들의 일을 끝까지 감당하고 책임을 완수하며 약속을 지키고 헌신한 바를 완수한다. 반 정도 일을 끝내고 떠나는 사람이 아니라, 아무리 낙심되는 상황이 발생해도 중도에 포기하지 않는 믿을 수 있고 의지할 수 있는 사람이다.

3) 신실함이란 정말 찾아보기 힘든 자질이다. 끝까지 충성한다는 것은 정말 귀한 것이다. 사람들은 극히 작은 이유로 헌신을 포기해 버린다. 그래서 교회는 간혹 즉흥적으로 일을 처리해야 하는 경우가 있다. 충성은 변하지 않고 헌신적이며 자기 책임을 다하고 신뢰할 수 있는 것을 말한다.

직분자는 어떻게 봉사해야 하는가? (4) – 인내하면서

1. 관련성구

1) 롬 12:9-13, “소망 중에 즐거워하며 환난 중에 참으며”

2) 히 12:1, “인내로써 우리 앞에 당한 경주를 하며”

3) 약 1:4, “인내를 온전히 이루라”

4) 계 14:12, “성도들의 인내가 여기 있나니”

2. 직분자의 봉사는 평생에 이루어져야 할 과업이다.

끝까지 참고 견디어야 한다. 즐겁고 성공할 때뿐만 아니라 낙심되고 어려울 때도 견뎌야 한다. 직분자가 봉사하는 데 있어서 어려운 점은 아마도 인간관계일 것이다. 수준이 다르고 생각이 다르고 살아가는 방법이 다른 각종 다양한 사람들과 맞춰가며 교회 일을 감당하는 것은 결코 쉬운 일이 아니다. 또한, 자기 생각과 다른 어떤 일을 목회자들이 밀어붙일 때 오는 갈등 역시 작지 않다. 개인적인 삶을 영위하기도 바쁘고 힘든데 교회에서 요구하는 직분자로서 책임을 감당하는 것은 쉽지 않다. 이때 필요한 것이 바로 인내이다.

3. 누군가의 문제점을 볼 수 있는 사람이 그 사람에 대해서 인내해야만 한다.

연약한 자가 강한 자에게 인내할 수 없다. 아래 있는 사람이 위에 있는 사람에 대해 인내할 수 없다. 오직 강한 자가 연약한 자에게, 그리고 위에 있는 자가 아래 있는 자에게 참고 용납할 수 있다. 따라서 타인의 연약함을 볼 수 있는 사람이 그 타인에 대해 인내하고 용납해야 한다. 이것이 자연스러운 하나님의 법이다.

4. 결승점을 통과한 모든 직분자는 누구나 우승자이다.

직분자로서 봉사할 때 다른 직분자와의 경쟁이 아니다. 모두가 각자의 코스를 달릴 뿐이다. 그리고 그 각자의 코스는 다르다. 묵묵히 자기 코스를 스스로와의 싸움으로 달려간다. 다만 인내가 필요할 뿐이다. 그러나 마지막 결승점을 통과하면 승리자다. 얼마나 빨리 달려가느냐가 승리의 관건이 아니라 결승점을 통과하는 자는 모두가 승리자이다.

직분자는 어떻게 봉사해야 하는가?(5)
- 조용히(긍정적으로)

1. 관련성구

1) 고전 4:20, "하나님의 나라는 말에 있지 아니하고"

2) 살전 4:11, "조용히 자기 일을 하고"

3) 살후 3:11-12, "조용히 일하여"

2. 직분자는 그 본분을 다하기 위해서 최선을 다해 봉사해야 한다.

그러나 자기의 공로를 내세우기 위해서, 혹은 자기의 과실을 방어하기 위해서, 혹은 다른 사람의 일을 간섭하기 위해서 불평하는 소리를 내서는 안 된다. 그러면 사탄이 개입하여 내적인 평화를 깨트린다. 교회 내에 투덜거림이 있을 때 사탄은 미소 짓는다.

3. 예루살렘 교회의 성공 직후, 빵을 나누는 사소한 문제로 인해 교회 내의 갈등이 있었다.

이는 성도와 성도가 대결하게 되는 분열을 초래했다. 수많은 교회가 바로 이 문제로 어려움에 봉착한다. 일이 잘 되는 시점에서 신앙의 본질 문제가 아닌 아주 작은 문제로 인해 항상 불만이 터져 나온다. "알아주지 않는다", "무시한다", "초청하지 않았다", "알리지 않았다" 등의 상상력이 가미된 과장된 소문으로 교회가 어려움을 겪는다.

4. 부정적인 시각을 버려라.

1) 믿음은 긍정적인 것이다. 된다고 생각하라. 교회를 세우려면 교회에 대하여 부정적으로 말하지 말라. 직분자들의 부정적인 생각은 교회에 큰 영향을 미친다.

2) 활주로를 막다른 길(Dead End)로 볼 것이냐 아니면 비상의 순간으로 볼 것이냐? 하나님이 어떻게 인도하실 것인가를 생각하라.

5. 직분자는 주님의 사랑을 잊지 말아야 한다.

직분자가 그 본분을 다하기 위해서는 주님께서 자신을 사랑하셨고 지금도 사랑하고 계신다는 것을 잊지 말아야 한다. 그렇지 못하면 봉사하다가 곧 낙심하게 된다. 직분자의 임무 수행의 동기는 주님의 사랑이다. 주님의 사랑에 대한 바울의 감격이 바울을 움직이게 했다(딤전 1:12-15). 주님의 사랑을 기억하는 직분자라면 봉사하면서 조용할 수밖에 없다.

● 직분자는 말에 있어서 절제할 필요가 있다

1. 관련성구

1) 골 4:6, "너희 말을 항상 은혜 가운데서 소금으로 맛을 냄과 같이 하라"

2) 약 3:2, "만일 말에 실수가 없는 자라면 곧 온전한 사람이라"

2. 말하는 방법

1) 많은 기도와 더불어 말하라. (다른 쪽에서 생각해보고 말하라.)

2) 정확한 말만 하라. (추측과 편견에 의해 말하지 말라.)

3) 긍정적이고 세워주는 말을 하라.

4) 미소와 더불어 말하라.

3. 직분자가 말하는 방법

1) 주제를 충분히 논의하고, 모든 사람이 이에 대하여 정확하게 이해했는지를 확인하라.

2) 결과나 상황에 대한 공식적인 발표는 그 통로를 일원화하라. (대변인 제도를 도입하라.)

3) 공식적인 말은 정확하게, 의미가 분명하게 말하라. (원고를 작성하는 것이 좋다.)

4) 사적으로 개인의 생각을 말하는 것을 자제하라. (자기 해석을 하지 말라.)

5) 직분자는 불평하는 자가 아니라 다른 사람의 불평을 듣고 해소해 주는 위치이다. 성격대로 말해서는 안 된다. 그러려니 하고 넘어가야 할 일들이 대부분이다.

4. 직분자의 대화 방법

1) 말보다 묵상을 많이 하라. 묵상 없는 말에는 진실이 담기기 어렵다.

2) 입보다 귀를 많이 사용하라. 듣고자 함이 없는 말에는 만남을 이루지 못한다.

3) 토론보다 마음이 많이 남도록 하라. 영적 대화는 옳고 그름을 분별하기보다 마음을 나누는 것이다.

4) 말꼬리를 잇기보다는 질문을 많이 하라. 타인의 삶과 경험과 지식을 존중하고 그의 말을 듣고 질문을 던질 때 배울 수 있으며 영적 성장이 이루어진다.

5) 남의 이야기보다 나의 고백을 많이 말하라. 오직 나의 고백을 통해서만이 영적 성장을 가져올 수 있다.

6) 지식보다는 삶을 대화의 소재로 많이 사용하라. 지식의 확장보다 삶을 나눔으로 영적 성장을 가져올 수 있다.

7) 이 모든 것 위에 사랑을 더하라. 사랑만이 대화와 만남을 완성해 줄 수 있기 때문이다.

5. 교회 내 성도들의 구성

	소리내는 성도들		침묵하는 성도들	
구별	긍정적	부정적	긍정적	부정적
분포 순위	3	4	1	2
영향력 순위	2	1	4	3
유형	A	B	C	D

1) A, B, C, D 모두는 자기들의 의견이 절대 의견이고 과반수의 의견이라고 생각한다.

2) A, B, C, D의 유형은 보통 타고난 천성일 수도 있지만, 환경이나 동기의 영향에 의할 수 있다.

3) B나 D는 A를 지도자를 향한 아부꾼으로 보는 것이 보통이다.

4) 지도자 주변에 어떤 유형의 사람들이 포진하고 있는가?

5) 지도자가 정책 결정에 있어서 가장 고려해야 할 부류는 누구인가?

직분자는 어떻게 봉사해야 하는가? (6) - 분수에 맞게

1. 관련성구

1) 롬 12:3, "마땅히 생각할 그 이상의 생각을 품지 말고"

2) 고전 12:17, "만일 온몸이 눈이면 … 온몸이 듣는 곳이면"

3) 유 1:6, "또 자기 지위를 지키지 아니하고 자기 처소를 떠난"

2. 직분자는 자기 위치를 알고 그 위치에 맞는 봉사를 실천해야 한다.

중요한 것은 직분자 자신이 그 직분의 주인이 아니라는 사실을 아는 것이다. 직분자의 본분을 다하기 위해 가장 중요한 일은 자기의 위치를 알고 이를 지키는 일이다. 그렇지 못하면 교회 봉사하다가 오히려 실족하고 시끄러워진다. 질서를 지켜야 한다. 손이 발이 될 수도 없고, 머리가 발이 될 수 없다.

3. 자신의 위치를 분별하지 못함이 오늘날 교회 내의 문제이다.

모든 직분자는 자신이 누구인지를 알아야 하지만, 동시에 누가 아닌지도 알아야만 한다. 목사, 장로, 집사의 위치를 분명히 인식해야 한다. 직분에 맞는 시야를 가져야 한다. 장로가 집사의 시각을 갖고 있다거나, 부장이 부원 넓이의 시야를 갖고 있으면 교회가 어려워진다.

4. 직분자는 주인이 아니고 종이다.

바울은 자신이 종과 증인임을 알고 있었다(행 26:16). 요한은 자신이 종임을 분명하게 알고 있었다(계 19:10). 청지기는 대장이 아닌 병사이고, 코치가 아니라 선수이며, 한량이 아니라 농부이다(딤후 2:3-6). 각각 맡은 역할이 각기 다르다. 고핫 자손은 분수에 맞지 않는 역할을 탐내다 멸망했다(민 16:3-7). 받은 은사가 각각 다르기에(롬 12:3) 자기 역할에 충성해야 한다.

● 주인의식과 텃세

주인의식은 책임감에 기초한다. 반면 텃세는 기득권에 기인한 자기중심적 특권의식이다. 그런데 직분자의 주인의식과 텃세는 구분이 쉽지 않을 정도로 종이 한 장 차이이다. 직분자에게는 교회에 대한 주인의식이 필요하다. 그러나 그것이 텃세로 비쳐서는 안 된다. 교회에는 텃세가 없어야 한다. 교회의 주인은 다른 사람을 섬기는 사람이다. 교회의 주인은 손님을 대접하는 사람이다. 주인의식을 가진 직분자는 손님을 무대의 주인공으로 삼고 자신은 조연의 위치에 서는 사람이다. 텃세만큼이나 교회의 성장을 가로막는 것도 없다. 필자가 교회를 개척했을 때, 일주일 상간으로 교회에 오셨음에도 불구하고 한주 먼저 오신 분이 한 주 뒤에 오신 분에게 텃세 부리는 것을 경험했다. 주인의식은 가져야 하지만 그것이 자칫 텃세가 되어서는 안 된다. 그렇기에 직분자는 늘 겸손하고 공손해야만 한다. 어떤 직분자는 텃세가 도에 지나쳐 목회자와 동업자 의식을 지니고 있기까지 하는 것을 본다. 주인의식은 직분자로 하여금 매사에 끝까지 책임지게 하고, 그 누구와도 동역의 관계를 유지하게 한다. 텃세는 자기 분수를 모르는 행위로서 교회의 발전에 커다란 장애물이다.

● 직분자는 어떻게 봉사해야 하는가? (7)
– 변화에 대해 열린 자세로

1. 관련성구

고전 9:22, "약한 자들에게 내가 약한 자와 같이 된 것은 약한 자들을 얻고자 함이요 내가 여러 사람에게 여러 모습이 된 것은 아무쪼록 몇 사람이라도 구원하고자 함이니"

2. 세상은 엄청난 속도로 변하고 있다.

교회의 변화 거부성은 악명이 높다. "회개"(메타노이아, μετανόια)는 생각을 바꾼다는 의미를 포함하고 있다. 계시록의 일곱 교회에 보낸 편지에서 예수님께서는 이 단어를 여덟 번이나 사용하셨다.

3. 교회가 비상하기 위해서는 변해야 할 정확한 타이밍에 반드시 변화해야 한다.

그 변화는 우선 보기에 희생이고 개혁이고 모험일 수 있다. 그러나 그러한 도전 없이는 교회의 어떤 발전도 있을 수 없다.

4. 변화는 하나님의 말씀에 대한 타협(Compromise)이 아니라, 유연성(Flexibility)과 수용성(Acceptability)이다.

5. 교회가 용기를 갖고 변화하는 것이 변화에 끌려가는 것보다 지혜롭다.

생각의 방식을 바꾸는 일은 선택이 아니다. 그리스도인으로 절대적인 사항이다. 불변하는 복음을 변하는 이 시대에 어떻게 전파할 것이냐에 관한 심각한 고민이 필요하다. 새로운 시스템이 필요하다. 50명 교회에서 100명 교회로 가기 위해서는 시스템을 바꾸어야 한다. "시스템을 바꾸지 않은 상태에서 새로운 비전만 세우고 열심히 하자고 하면 문제가 생긴다." 1년 전 방법으로 교회가 여전히 운영되고 있다면 그 교회는 성장하지 못한다.

6. 변화를 추구하고 받아들이는 직분자가 되어야 한다.

교회 내에 새 아이디어를 기꺼이 시도하는 적극적인 직분자가 많은가? 아니면 늘 하던 대로 안전 위주와 현상 유지만을 보수라는 이름으로 주장하는 직분자가 많은가? 누군가에게 일을 주려고 할 때 "검증필요"를 외치는 직분자들이 많은가? "그렇게 해 본 적이 없다" 혹은 "전 교회는 그렇게 하지 않았다" 등의 과거의 추억이 미래의 비전을 대신할 때 죽음이 온다.

7. 교회가 다음 단계로 비상하기 위해 무엇이 바뀌어야 하는가?

이 질문에 대한 직분자들의 자세가 문제이다. 교회가 끊임없이 변화해야 한다는 사실을 직분자들이 인식하고 있는가? 어항 속의 고기는 물을 한꺼번에 갈아도 죽고 갈지 않아도 죽는다.

직분자는 어떻게 봉사해야 하는가? (8)
- 배우는 자세로

1. 관련성구

1) 엡 4:11-13, 성도를 온전하게 함. 봉사의 일을 하게 함. 교회의 몸을 세움.

2) 딤후 3:16-17, 하나님의 사람으로 온전하게 함. 선한 일을 행할 능력을 갖추게 함.

3) 행 20:28, 교역자(장로)의 역할과 중요성(히 13:7; 13:17; 벧전 5:5).

2. 직분자는 배우는 자리에 앉아야 한다.

직분자는 성경으로부터 그리스도의 집에 있는 종들의 종류와 임무, 그리고 그 임무를 수행하는 자세와 방법에 대하여 배워야 한다.

3. 배우지 않고서는 교회의 직분을 맡을 수 없다.

별 볼 일 없는 일을 하는 데도 훈련과 공부가 필요하다. 하물며 인간의 영혼을 관리하는 교회의 일을 감당하는 데 있어서 배움과 훈련이 필요함은 당연지사이다. 오늘날 훈련받지 않고 교회 직분에 임하려는 자들로 인해 교회가 어려워지는 경우가 많다.

4. 예수님께서는 그 훈련을 위해 성경과 목회자를 주셨다.

1) 신앙과 교회 생활에 대해 배우겠다는 자세를 가져라. 언제나 배우는 자리에 앉아 있어야 하며 배우는 자세이어야 한다. 자기 고정관념으로부터 탈피해야 한다.

2) 목사는 신앙과 교회에 대하여 전문가이다. 의학적 지식을 소유한 사람과 의사는 다르다.

● 직분자는 FAT People이어야 한다.

1. 신실한 사람(Faithful)

신실한 사람이란 비록 작은 일이라도 끝까지 충성하는 사람이다. 시작은 있으나 끝이 없는 사람은 신실하지 못하다. “저 사람에게 일을 맡기면 적어도 끝까지는 간다”라는 평가를 받는 사람이 신실한 사람이다.

2. 가용한 사람(Available)

가용한 사람이란 교회가 혹은 누군가가 필요로 할 때 언제나 사용될 수 있는 사람이다. 교회가 필요로 할 때 사용할 수 없는 직분자라면 가용하지 않은 직분자라 할 수 있다. 교회의 중직자는 가능하면 교회에서 거리상으로 가까이 살아야 한다. 어느 때든지 교회가 필요로 할 때 동원될 수 있어야 하기 때문이다.

3. 배우는 사람(Teachable)

배우는 사람이란 생각과 행동에 있어서 여백이 있는 사람이다. 배우는 자리에 머물며 가르침을 수용하는 사람이다. 배우지 않는 사람이 직분자가 되면 그로 인해 교회가 경직되기 쉽다. 새로운 사실과 이론과 변화를 받아들이고 자기 생각과 행동을 바꾸는 사람이 직분자가 되어야 한다. 많은 성경공부를 해도 바뀌지 않고 그대로인 사람, 자기 생각과 기준을 안 바꾸는 직분자는 교회의 성장을 가로막는다.

● 직분자는 어떻게 봉사해야 하는가? (9) - 신중한 행동으로

1. 관련성구

1) 딤전 3:2, "감독은... 신중하며"

2) 딤후 4:5, "너는 모든 일에 신중하여"

3) 딛 1:8, "신중하며"

4) 딛 2:12, "이 세상 정욕을 다 버리고 신중함과"

2. 오해될만한 행동은 최대한 자제해야 한다.

1) 단순한 행동도 오해되기 쉽다.

2) 단순한 결정도 오해되기 쉽다.

3) 단순한 광고도 오해되기 쉽다.

4) 단순한 모임도 오해되기 쉽다.

3. 신중한 행동을 위한 지침

1) 행동하기 전, 행동의 결과에 대해 조금 더 생각하라.

2) 옳음(권리)보다는 덕을 기준으로 행동하라. 절제와 조화가 필요하다.

3) 종으로서 행동하라. 봉사에 있어서 겸손하라. 자기 아니면 안된다는 생각을 버려라. 하나님의 일은 이가 없으면 잇몸으로 해결

할 수 있다.

4) 서로를 이해하는 차원으로 생각하고 행동하라. (상대방으로서는 최선의 행동일 것이다.)

5) 복잡한 때일수록 본질적인(기본적인) 행동에 집중하라. (예배, 기도, 말씀공부, 사람 살리는 일 등이 본질이다.)

4. 토의사항

1) 리더들의 오해 받을만한 행동이 무엇이 있는가?

2) 틀린 것인가? 아니면 다른 것인가?

3) 어떤 특정한 사람의 행동이 나에게는 항상 문제가 되는 것으로 보이는가? 그것이 진짜 문제이어서인가? 아니면 바라보는 내 시각이 문제인가?

직분자는 어떻게 봉사해야 하는가? (10) - 겸손하게

1. 관련성구

1) 마 6:1, "사람에게 보이려고 그들 앞에서"

2) 마 6:3-4, "오른손이 하는 것을 왼손이 모르게 하여"

3) 요 13:14, "너희도 서로 발을 씻어 주는 것이 옳으니라"

4) 빌 2:4, "각각 다른 사람들의 일을 돌보아"

5) 빌 3:3, "하나님의 성령으로 봉사하며"

6) 벧전 4:11, "누가 봉사하려면 하나님이 공급하시는 힘으로 하는 것 같이"

2. 직분자는 다른 사람에게 자신을 드러내기 위해 봉사하지 않는다.

직분자는 자기를 자랑하거나 다른 사람의 관심을 끌려고 하지 않아야 한다. 바울은 사람의 눈길을 끌기 위해 눈가림만 하는 행동에 대해 경고하고 있다.

3. 자기 자신을 자랑하는 것과 종의 마음은 결코 섞일 수가 없다.

신실한 종은 다른 사람의 칭찬이나 인정을 받기 위해 일하지 않는다. 진실한 종은 화려한 조명 아래에서 찾을 수 없다. 화려한 조명은 언제나 눈을 가린다. (섬겨보지 않는 자는 결코 진정으로 섬길 수 없다.) 우리의 외적인 기관은 때로 없어도 살 수 있다. 그러나 보이지 않은 기관이 없으면 살지 못한다. 예수님의 몸도 마찬가지이다. 가장 위대한 섬김은 때로 보이지 않는다. 그러나 하나님께서는 모든 것을 기억하신다. 직분자는 스스로 낮은 자세를 유지해야 한다. 그것이 바로 겸손이다.

4. 겸손한 직분자는 자신이 아닌 다른 사람에게 초점을 더 맞춘다.

1) 직분자가 자신에게 초점을 맞추는 것을 중단할 때, 주변의 필요를 인식한다. 직분자의 삶이 직분자 자신으로 가득 차 있으면 참된 직분자가 될 수 없다.
2) 만약 봉사의 목적이 자신을 드러내는 것이라면, 그것은 봉사라기보다는 속임수일 것이다.

●●

우리는 하루에도 수십 번씩 내 필요를 채우느냐, 다른 사람의 필요를 채우느냐의 싸움을 싸운다. 자신을 부인하는 것이 종이 되기 위한 핵심 요소이다. 다른 사람이 당신에게 무리한 요구를 하고 아랫사람처럼 취급할 때, 당신은 어떻게 반응하고 있는가?

직분자는 어떻게 봉사해야 하는가? (11)
– 협력하면서

1. 관련성구

1) 고전 12:20, "이제 지체는 많으나 몸은 하나라"

2) 고전 12:25, "여러 지체가 서로 같이 돌보게 하셨느니라"

3) 엡 4:13, "하나님의 아들을 믿는 것과 아는 일에 하나가 되어"

2. 협력해야 한다. 전체를 바라보아야 한다. 평화를 추구해야 한다.

1) 교회 일은 누구의 뜻대로 해도 되는 일이다.

2) 교회 일은 꼭 지금 당장 하지 않아도 되는 일이다.

3. 한마음은 한 의견이 되는 것을 말하지 않는다. "같은 의견이 아닐지라도"이다.

4. 기득권과 두꺼운 친교의 벽은 오래된 교회가 발전하는 데 장애 요소가 될 수 있다.

● 본질과 비본질과 규범

직분자가 교회에 사역이나 이슈에 협력하기 위해서는 본질과 비본질과 규범을 구분하는 지혜가 있어야 한다. 이것들을 구분하지 못하면 교회는 분란에 휩싸이기 쉽다.

본질은 교회가 결코 양보할 수 없는 진리와 교리이다. 예를 들어 삼위일체 교리나 예수 그리스도만이 구원의 길이라는 진리는 타협할 수 없고 양보할 수 없다. 이를 위해서는 교회가 분리되는 한이 있더라도 절대 양보할 수 없다. 비본질은 말 그대로 어떻게 하든 아무런 상관이 없는 것들이다. 대체로 상황이나 형편에 따라 결정될 수 있는 것들이다. 예를 들어 피아노를 교회 내부 어디에다 위치하게 할 것인지 등의 이슈이다. 이러한 것들은 담당자나 전문가의 의견에 따르면 된다.

규범은 신중하게 결정해야 할 것들이다. 규범은 본질이 아니다. 그렇다고 비본질도 아니다. 그러나 신중하게 접근해야 할 것들이다. 교회의 오랜 전통, 교회 건축이나 이전, 교회 내규나 법의 제정과 해석과 집행 등은 매우 신중하게 접근해야 할 이슈들이다.

목사를 포함한 교회의 직분자들은 어떤 이슈가 발생했을 경우 그것이 본질의 영역인지, 비본질의 영역인지, 아니면 규범의 영역인지를 먼저 구분해 내는 과정이 선행되어야 한다. 그리고 그 결과에 따라 대처해야 한다. 그리해야 교회가 분열되지 않을 수 있다. 중요한 것은 본질의 영역이 아닌 부분에 있어서 다른 사람의 뜻을 따라가도 문제가 되지 않는다는 점이다. 교회 안에서 "틀렸다"라고 판단할 수 있는 영역은 오직 본질의 영역에서만 가능하다. 본질이 아닌 다른 영역에서는 오직 "다르다"가 적용되어야 한다.

(이성호, 『비법은 없다』, 57쪽 참조.)

직분자는 어떻게 봉사해야 하는가? (12)
- 자족하면서

1. 관련성구

1) 시 131:1, "내가 큰일과 감당하지 못할 놀라운 일을 하려고 힘쓰지 아니하나이다"

2) 빌 4:11, "어떠한 형편에든지 나는 자족하기를 배웠노니"

3) 딤전 6:6, "자족하는 마음이 있으면"

2. 현재 가지고 있는 것으로 최선을 다한다.

1) 직분자는 "언젠가는" 혹은 "상황이 나아지면" 등으로 핑계를 대거나 뒤로 미루거나 환경이 좀 더 나아지기를 기다리지 않는다. 해야 할 바를 즉시 행한다.

2) 하나님은 어느 곳에 있든지 이미 가진 것으로 할 수 있는 일을 하기 원하신다. 불완전한 섬김이 최선의 의도보다 항상 낫다.

3) 많은 직분자가 섬기지 않는 이유는 자신이 섬기기에 부족하다고 느끼며 두려워하기 때문이다. 처음부터 어떤 일을 잘해 낼 수 없다. 오히려 실수와 부족함을 통해서 배우는 것이다. "그 정도면 괜찮다." 다만 순종과 권면을 받아들이는 자세가 필요하다.

3. 주어진 일에만 집중한다.

1) 직분자는 다른 직분자의 사역과 비교, 비판, 혹은 경쟁하지 않는다. 모두가 한 몸으로서 각자 맡은 일이 다르다. 그러므로 경쟁하는 것은 불합리하다. 다른 사람을 비판할 시간이 있으면 그 시간에 누군가를 섬겨야 한다.

2) 다른 직분자를 평가하는 것은 할 일이 아니다. 또 다른 직분자의 비판에 대해 방어하는 것도 옳지 않다(롬 14:4).